《国际中文教师证书》
考 试

仿真预测试卷三

注 意

一、本试卷分三部分：

　　1. 基础知识 50 题

　　2. 应用能力 50 题

　　3. 综合素质 50 题

二、请将全部试题答案用铅笔填涂到答题卡上。

三、全部考试约 155 分钟（含 5 分钟填涂答题卡时间）。

第一部分　基础知识

第1—7题

> 其一
> 迟日江山丽，春风花草香。
> 泥融飞燕子，沙暖睡鸳鸯。
> 其二
> 江碧鸟逾白，山青花欲燃。
> 今春看又过，何日是归年。

1. 第一首诗的后两句中出现了音位/i/的几个变体？
   A. 1　　　　　B. 2　　　　　C. 3　　　　　D. 4

2. 从构词法的角度看，"鸳鸯"这个词属于下列哪一类？
   A. 联绵词　　　B. 口语词　　　C. 派生词　　　D. 复合词

3. 下列哪个字与"鸟"的音节结构一样？
   A. 丽　　　　　B. 花　　　　　C. 暖　　　　　D. 融

4. 下列造字法相同的一组是：
   A. 江　飞　　　B. 山　燕　　　C. 鸟　泥　　　D. 白　沙

5. "睡"的国际音标是：
   A. [ʂuei]　　　B. [tʂuei]　　　C. [tʂʻuei]　　　D. [tsuei]

6. 关于"山"的形体演变顺序，下列哪一个是正确的？

   A.
   B.
   C.
   D.

7. 第二首诗的前两句用了什么修辞格？
   A. 比喻和拟人　B. 比喻和夸张　C. 对偶和比喻　D. 对偶和夸张

第 8—11 题

> 我家有一棵（1）葡萄树，几年来一直（2）半死不活的。不料，去年竟然长出了许多叶子，还结了许多葡萄。摘下来一尝，特别甜，就想送一些给别人尝尝，让大家也分享一下我（3）收获的喜悦。我把葡萄送给一位领导，并告诉他，我没有什么事，只是想（4）让他品尝这棵老树结的新葡萄。

8. 画线部分（1）处包含几个音节，几个语素？
   A. 3，2   B. 2，3   C. 2，2   D. 3，1

9. 下列哪个成语中的"半"和画线部分（2）中的"半"意义和用法一样？
   A. 一年半载
   B. 事半功倍
   C. 半新不旧
   D. 半斤八两

10. 下列哪个词语与画线部分（3）的构词类型相同？
    A. 热爱   B. 选择   C. 放心   D. 眼花

11. 下列哪一项和画线部分（4）的句式**不一样**？
    A. 邀请我吃烤鸭
    B. 派人通知老李
    C. 送了他一本书
    D. 多谢你提醒我

第 12—15 题

> 芳芳：等车的人越来越多了，咱们还是打的去吧。
> 安娜：好吧，看，(1)前边正好开过来一辆空车，就坐这辆吧。
> 安娜：你家住的是四合院吗？
> 芳芳：嗯。我家院子里种着一棵大枣树，树上结着很多枣子。(2)一看见那棵大枣树就看到我家了。
> 安娜：现在住四合院的越来越少了吧？
> 芳芳：是的。现在城市里大楼(3)越盖越多，小区也越建越漂亮。很多人都搬进新楼房了。我们院子里也搬走了四五家，明年我们家也要搬走了。
> 安娜：那太遗憾了。
> 芳芳：我虽然也舍不得四合院，但还是希望快点儿搬进现代化的楼房里去住。

12. 下列对句（1）句式的描述正确的是：
    A. 连动句
    B. 存现句
    C. 数量宾语句
    D. 双宾句

13. 句（2）蕴含的语义关系是：
    A. 承接   B. 递进   C. 条件   D. 并列

14. 下列"越……越……"与画线部分（3）处的用法和意义一样的是：
   A. 课文越来越难　　　　　　　B. 她越说，我们越不懂
   C. 他的汉语越说越好　　　　　D. 年轻人越来越会打扮了

15. 你认为最适合做本课拓展话题的是：
   A. 搬进新家　　B. 交通工具　　C. 城市变化　　D. 名胜古迹

第 16－20 题

> （1）我很早就希望能有机会来中国学习汉语。现在这个愿望终于实现了，心里有说不出的高兴。
> 　　从去年夏天起，我就忙着联系学校，办各种手续。可是，（2）这一切都是瞒着父母做的。我是独生女，如果把这件事告诉父母，他们多半不会同意，因此，我只跟朋友和教我汉语的老师商量，（3）把一切手续都办好以后才告诉了他们，他们听了，果然不大愿意。（4）爸爸说："你现在的工作不是挺好的吗？"妈妈说："你不打算结婚啦？"
> 　　说实话，对于将来要做什么，我还没想好。可是现在我就是想学汉语，想到中国——（5）这个古老而又年轻的国家去看看。我对父母说，我已经长大了，就像小鸟一样，该自己飞了。我要独立地生活，自由自在地去国外过一年，然后再考虑今后的打算。父母知道我的性格，决定了的事情是不会改变的，而且他们也觉得我的想法是对的，就只好同意了。

16. 下列哪项与句（1）中"就"的意义和用法相同？
   A. 老师就说了一句话。　　　　B. 看见他就生气。
   C. 小林两年前就来过北京。　　D. 我们班就她不去。

17. 句（2）中"一切"的词性是：
   A. 名词　　　B. 代词　　　C. 数量词　　　D. 副词

18. 句（3）中"才"表达的意思是：
   A. 刚刚
   B. 数量少，程度低
   C. 表示事情发生或结束得晚　　D. 强调确定的语气

19. 句（4）属于：
   A. 设问句　　B. 反问句　　C. 是非问句　　D. 选择问句

20. 下列哪项与画线部分（5）中"而"的意义和用法相同？
   A. 这个故事简短而生动。　　　B. 这种西红柿好看而不好吃。
   C. 这家饭店花钱少而吃得好。　D. 哈尔滨还很冷，而南方已春暖花开了。

第 21—25 题

以下是王老师讲授简单趋向补语的教案节选。

(1) 通过动作演示与提问，引出简单趋向补语的基本结构。
老师走出教室，并问学生老师做了什么，引出基本结构 1：老师出去了。
老师走进教室，并问学生老师做了什么，引出基本结构 2：老师进来了。
通过分析例句，归纳句式：S＋V＋来/去

(2) 通过动作演示与提问，引出简单趋向补语有宾语的情况。
老师进教室，并问学生老师现在在哪儿，引出带地点宾语的结构 3：老师进教室来了。
老师拿着课本，问学生老师进来的时候拿着什么，引出带非地点宾语的结构 4：老师带来了课本。/老师带课本来了。
通过分析例句，归纳句式：
S＋V＋地方（＋来/去）
S＋V＋来/去＋东西
S＋V＋东西＋来/去

(3) 根据上面的句型，将下列词语组成有简单趋向补语的句子。
① 快 来 教室 进
＿＿＿＿＿＿＿＿＿。
② 贝拉 学校 回 了 去
＿＿＿＿＿＿＿＿＿。
③ 他的书 带 他 来 忘了
＿＿＿＿＿＿＿＿＿。
④ 给 我们 去 他 送 一些水果
＿＿＿＿＿＿＿＿＿。

21. 该教案中呈现的语法点适合什么水平的学生？
    A. 初级   B. 中级
    C. 中高级   D. 高级

22. 这份教案适用于哪种课型？
    A. 口语课   B. 写作课
    C. 综合课   D. 泛读课

23. 总结简单趋向补语的几种句式结构（板书）：

> 基本句式：S＋V＋来/去
> 带宾语句式：S＋V＋地方（＋来/去）
> 　　　　　　S＋V＋来/去＋东西
> 　　　　　　S＋V＋东西＋来/去

上述这一步骤应什么时候进行？
A. 步骤（1）前　　　　　　　　B. 步骤（2）前
C. 步骤（3）前　　　　　　　　D. 步骤（3）后

24. 步骤（1）与步骤（2）之间缺少什么步骤？
A. 导入　　　　　　　　　　　B. 操练
C. 课堂活动　　　　　　　　　D. 复习总结

25. 步骤（3）的练习方式属于：
A. 有意义练习　　　　　　　　B. 机械性练习
C. 扩展练习　　　　　　　　　D. 交际性练习

第26—28题

> 马克：丽莎，好久不见，这个假期过得怎么样？(1) 你好像变黑了。
> 丽莎：是太阳晒的。我去云南旅行了。
> 马克：是吗？我没听你说过。你是什么时候去的？玩儿了多长时间？
> 丽莎：我是8月2号去的，(2) 去了两个星期。原来想约你一起去的，可听说暑假你哥哥来中国看你，我就没跟你说。
> 马克：啊？你是一个人去的吗？你不怕吗？
> 丽莎：我去以前已经提前在网上订好了车票和旅馆，所以没有什么可担心的。
> 马克：云南很远，你是坐火车去的吗？
> 丽莎：是的。这是我第一次一个人出去旅行，很兴奋。在旅途中还交了几个中国朋友呢。
> 马克：你这个暑假 (3) 过得真有意思。以后我也不跟旅行社一起去了。
> 丽莎：明年暑假我们俩一起出去玩儿吧。

26. 课文中出现最为频繁的重点句型表达的意义是什么？
A. 表示疑问　　　　　　　　　B. 表示强调
C. 动作完成　　　　　　　　　D. 客观陈述

27. 句（1）中的"了"表示的语法意义是什么？
   A. 语气助词，表示事态已经变化
   B. 语气助词，表示事态将要变化
   C. 动态助词，表示动作行为的完成
   D. 动态助词，表示事情发生在过去

28. 关于画线部分（2）和（3），下列哪个说法正确？
   A. 时量补语；结果补语   B. 动量补语；程度补语
   C. 动量补语；可能补语   D. 时量补语；状态补语

第29—30题

> 对比分析的语言学理论基础是结构主义语言学，其心理学的理论基础是行为主义心理学和迁移理论。预测学习者在第二语言学习中可能出现的困难，是教学中进行对比分析的主要目的。很多语言教育学家制订了语言难度等级，以减少预测的主观性，便于对比分析在教学中的运用。

29. 把"难度等级模式"分为六级的语言教育学家是：
   A. 沃德霍   B. 科德   C. 普拉克特   D. 拉多

30. 以英语为母语的学习者在学习汉语声调时，常常会感到非常困难，对此，按行为主义心理学和迁移理论，正确的说法是：
   A. 介入性干扰所造成的困难
   B. 阻碍性干扰所造成的困难
   C. 汉语声调太多，不易掌握
   D. 英语只有简单的声调

第31—34题

下面是某留学生的请假条。

> 老师，您好！
> 　　我想跟您请假，(1)因为我下午要去医院和我的朋友。我们要去医院见面另一个朋友。他生病了，(2)我们要去看看他一下。所以下午的课不能上了，对不起，老师。

31. 以上假条最有可能是哪国留学生写的？
   A. 韩国   B. 美国   C. 泰国   D. 日本

32. 产生（1）处偏误的原因可能是：
   A. 母语负迁移   B. 简化   C. 回避   D. 过度概括

33. 从语法单位的角度看，与"见面"构形方式**不同**的是：
    A. 毕业 B. 买菜 C. 道歉 D. 请假

34. 画线部分（2）比较合适的改法是：
    A. 我们要去看看他 B. 我们要去看一下他
    C. 我们要去看他 D. 我们要去看他一下

第 35－39 题

> 加藤恒，男，27 岁，日本人，到中国留学已有半年多。平时，加藤恒学习很认真，也很喜欢和中国人交流，但是他经常发不准"zh、ch、sh、j、q、x、f、r、l、ü"的音，而且受母语的影响，很容易形成语音的偏误。他知道自己的发音在哪些方面存在问题，因此，在和中国人交流时，他会主动模仿中国人的发音，并且主动纠正自己的发音。现在，他已经通过了 HSK 五级，在和中国人交流的过程中还掌握了不少熟语，比如，他经常把"有志者事竟成"挂在嘴边，他说这是他的座右铭。

35. 上述材料中，加藤恒主动模仿并且纠正自己的发音的行为属于：
    A. 社会/情感策略的合作策略
    B. 元认知策略的自我管理策略
    C. 元认知策略的直接注意策略
    D. 社会/情感策略的要求解释策略

36. 在影响第二语言学习者个体差异的一般因素中，对加藤恒影响最大的因素是：
    A. 年龄 B. 性格 C. 认知方式 D. 交际能力

37. 语言学能是构成个体差异的重要因素。按照卡罗尔的观点，除了语音编码解码能力、语法敏感能力和语言材料强记能力，语言学能还包括：
    A. 语言理解能力 B. 语言归纳能力
    C. 语言演绎能力 D. 机械记忆能力

38. 在第二语言学习过程中，下列哪种语音教学的方法**不合适**？
    A. 播放正确的发音，让学生反复跟读
    B. 老师只要听到学生的错误发音不论场合立即纠正
    C. 播放影视资料，让学生感受真实的汉语语音环境
    D. 给学生详细讲解每个音素的发音部位，让学生掌握正确发音

39. "有志者事竟成"这句话属于熟语系统中的哪一类型？
    A. 成语 B. 谚语 C. 惯用语 D. 歇后语

第 40—42 题

> 韩礼德通过对自己儿子习得母语的过程进行分析，发现最初他只使用有限的几个功能，而且一个词只表现一种单一的功能。随着他的词汇量的增加，表达功能的语言结构也越来越复杂，语言结构与语言功能之间就不再有一对一的关系。

40. 韩礼德是哪一语言学派的代表人物？
    A. 历史比较语言学　　　　　　B. 结构主义语言学
    C. 转换生成语言学　　　　　　D. 功能主义语言学

41. 关于该学派的主要观点，说法**错误**的是：
    A. 语言的本质是意义，语义是语言研究的中心
    B. 应该从社会的角度去观察、研究语言，语言的本质功能是社会交际功能
    C. 认为应该区分"语言能力"和"语言表现"
    D. 建立了系统—功能语法理论，以"系统语法"为框架论述语言功能

42. 下列哪种教学法是受此语言学派的影响而产生的？
    A. 认知法　　　B. 交际法　　　C. 听说法　　　D. 语法翻译法

第 43—46 题

> A：小丽，在忙什么呢？
> B：(1) 我在挑衣服呢。你看这件衣服好看吗？
> A：太红了，那件蓝色的和黑色的应该还不错。
> B：最近吃得太多，蓝色的有点儿小了。(2) 我不喜欢黑色的，而且明天是去参加朋友的婚礼，穿黑色的不太合适。
> A：为什么？在我们国家，穿什么颜色的都可以，只要漂亮就行。

43. 句（1）中的"呢"表示的语法意义与下列哪项**不一致**？
    A. 他在洗澡呢　　　　　　B. 爸爸看电视呢
    C. 他厉害着呢　　　　　　D. 妈妈做饭呢

44. 句（2）蕴含的语义关系是：
    A. 递进　　　B. 转折　　　C. 并列　　　D. 让步

45. 下列与文中加点部分的"的"用法**不相同**的是：
    A. 我本来不想去的。　　　　B. 把吃的留给妹妹。
    C. 这是爸爸的。　　　　　　D. 该来的都来了。

8

46. 你认为适合本课的拓展话题是：
    A. 关于婚礼文化　　　　　　B. 关于国家
    C. 关于颜色文化　　　　　　D. 关于购物

第 47－50 题

> 郑人有欲买履者，先自度其足而置之其坐，至之市而忘操之。已得履，乃曰："吾忘持度。"反归取之。及反，市罢，遂不得履。人曰："何不试之以足？"曰："宁信度，无自信也。"

47. 文中"度"的读音分别是：
    A. duó；dù；duó　　　　　　B. dù；dù；duó
    C. duó；dù；dù　　　　　　　D. dù；duó；dù

48. 文中有几个通假字？
    A. 1　　　　B. 2　　　　C. 3　　　　D. 4

49. 关于"郑人有欲买履者"说法正确的是：
    A. 主谓结构　　　　　　　　B. 定语后置结构
    C. 连动结构　　　　　　　　D. 同位结构

50. 下列与"无自信也"句式类型相同的是：
    A. 客之美我者
    B. 宾主尽东南之美
    C. 之二虫又何知
    D. 此天子气也

第二部分　应用能力

第 51—55 题

请从 A—F 中选出下述几种情况所对应的纠错模式，其中有一个多余选项。

> 学生在学习过程中出现错误是不可避免的，作为教师，应该学会正确地对待学生的错误。以下是一位海外中文教师的五个纠错实例：
>
> 51. 学生：她结婚了一个有钱人。
>   老师："结婚"是个离合词，后面不能带宾语。
>
> 52. 学生：甚 jì。
>   老师：zhì，甚至。
>
> 53. 学生：老师，可以说"他辞职工作了"吗？
>   老师：不对，"他辞职了"。
>
> 54. 学生：昨天晚上我不睡着。
>   老师：对不起，请再说一遍。
>
> 55. 老师：请问，她跟谁结婚了？
>   学生：她跟一个有钱人结婚了。

51. _____
52. _____
53. _____
54. _____
55. _____

A. 明确纠正
B. 要求澄清
C. 重铸
D. 诱导
E. 重复
F. 提供元语言知识

第 56—60 题

在中高级词汇教学中，教师可以从多个角度引导学生进行近义词辨析。下列是课堂教学实例，请从 A—F 中选出下列各种做法对应的角度，其中有一个是多余选项。

> 56. "终于"是副词，"最后"是名词。
> 57. "果然"表示事实跟自己想的或别人说的一样，"竟然"表示事实跟自己想的或别人说的完全不一样。
> 58. "恋爱"不能加宾语，"爱恋"可以加宾语。
> 59. "成果"是褒义词，"结果"是中性词，"后果"是贬义词。
> 60. "生日"常用于口语，"寿辰"常用于书面。

56. _____
57. _____
58. _____
59. _____
60. _____

> A. 意义差异
> B. 语体色彩差异
> C. 感情色彩差异
> D. 使用频率差异
> E. 词性差异
> F. 搭配差异

第 61—65 题

下面是一节课的具体教学安排，请阅读后回答问题。

① PPT 展示填空练习，让学生说出合适的词。

这首歌他唱得_____。

房间他打扫得_____。

他午饭吃得_____。

② 边展示边提问，边板书重点词语。

A. 她得了第一名，她怎么了？（预设：她很激动，她哭起来了。）

B. 他们得了第一名，他们怎么了？（预设：他们很高兴，他们跳了起来。）

C. 他在看书，他怎么了？（预设：他看书，他忘了时间。）

③ 边示范回答边板书。

激动得哭起来了　　　高兴得跳了起来　　　看得忘了时间

④ 总结板书：Adj./V＋得＋VP（怎么样）

⑤ PPT 展示练习：

她感动得不知道说什么好。

激动	不知道说什么好
气	大叫起来
高兴	流下了眼泪
跑	满头大汗

⑥ ……

61. 从本节课的教学安排看，这位老师的教学步骤②属于什么教学环节？

A. 复习旧知　　B. 导入新课　　C. 展示讲解　　D. 练习巩固

62. 上述的教学安排中呈现的语法点适合什么水平的学生？

A. 零起点　　B. 初等　　C. 中等　　D. 高等

63. 下列哪个教学安排最适合上述的步骤⑥？

A. 引导学生看图片回答问题

B. 让学生抄写老师板书的句子

C. 让学生根据总结的结构造句

D. 让学生做替换练习

64. 下列哪一个是本课处理语法点的顺序？

A. 解释—展示—归纳—操练　　B. 展示—解释—归纳—操练

C. 解释—归纳—展示—操练　　D. 展示—归纳—解释—操练

65. 课堂教学活动有不同的形式，针对上述材料的语法点，下列体现研讨式教学活动的是：

    A. 系统讲解上述句式，为学生构建一个深刻而清晰的"Adj./V+得+VP"结构

    B. 师生或生生围绕"说出更多'VP'"这个任务进行探究性讨论学习

    C. 在课上，让学生模拟场景，用上述句式表演得知面试结果时的心情

    D. 通过小组竞赛的方法，选出说出句子最多且正确的小组

第66—70题

下面是某位老师汉语口语教学的教案节选。

一、课型：初级汉语口语课

二、教材：《初级汉语口语》第十二课

三、课时：2课时

四、教学内容：

　　词语：突然　老实　内向　外向　研究生　奇怪　脑子　想法　优点　缺点

　　　　　谦虚　脾气　性格

　　句式：以为……　……来着　说起来　可不是　说不定

　　话题：谈论朋友

五、教学目标：

　　① 掌握上述重点词语和句式，能围绕介绍朋友的话题，运用本课的重点句式进行交际。

　　② 分组完成"谈谈班上的一位同学"的交际任务。

　　③ 以"一人表述——集体猜"的模式，完成"他（她）是谁"的交际活动。

---

66. 根据上述教案，导入课文时，理想的导入话题是：

    A. 我的朋友　　B. 我的家人　　C. 我的国家　　D. 朋友的家

67. 关于口语课的任务型教学法，下列说法**不正确**的是：

    A. 任务前的输入包括课文和生词的讲练

    B. 课堂活动任务的布置和完成应在任务中进行

    C. 任务型教学法是交际法的一种

    D. 任务后的关键在于教师的点评

68. 根据上述教案，下列哪种口语测试的题型**不合适**？

    A. 角色扮演　　　　　　　　B. 讨论或辩论

    C. 口头叙述　　　　　　　　D. 问答

69. 在本节口语课上，教师最恰当的讲练比例是：
    A. 1∶2   B. 1∶3   C. 2∶3   D. 3∶7

70. 下课铃响了，你正准备下课，这时一位学生举手说："老师，我还没有参加第二个活动，我也想上去说。"下列哪种回答最合适？
    A. 已经下课了，我们的活动已经结束了。
    B. 你怎么不早点儿举手，都下课了。
    C. 活动已经结束了，下次活动请你第一个参加，好吗？
    D. 那我们先不下课，请你来说一说，我们大家一起猜一猜。

第71—75题

下面是一篇听力材料。

> 中国人认为，茶和人们的健康有很大关系，喝茶可以减轻人疲劳的感觉，让人兴奋。因此从很早以前开始，茶就受到中国人的重视和喜爱。
>
> 中国人喝茶既重视茶的好坏，也很重视泡茶的水。一般认为最好的是山上的水，第二是江里的水，第三是井里的水。
>
> 泡茶用什么温度的水也是有要求的。比如说，绿茶用水的温度，因茶叶质量的不同而不同。好的绿茶，用80度左右的水泡比较合适。茶叶越绿，水的温度应该越低。水温太高，茶水的颜色就会变黄，味道比较苦；水温太低，香味就会很淡。不太好的绿茶，就要用100度的开水冲泡。如果水温很低，茶水就没什么味道。泡绿茶要用玻璃杯来泡。泡好的茶最好在三十分钟到一个小时内喝完。
>
> 由于中国面积非常大，所以各地喝茶的习惯也很不相同。一般来说，北方人喜欢喝红茶，南方人喜欢喝绿茶，还有一些地方的人喜欢喝奶茶，奶茶就是在茶水里加入牛奶和盐。

71. 这篇听力材料放完三遍录音后，如果还有学生说没听懂，下列哪种做法最合适？
    A. 让没听懂的学生下课自己练习听
    B. 让学生看听力原文
    C. 让听懂的学生复述听到的内容
    D. 再放一遍录音，让学生认真听

72. 作为教师，应该如何让学生顺利听懂这篇文章？
    A. 将听力原文展示在PPT上，重点讲解关键词语
    B. 先讲解重难点词语和语法，操练相关句子，再做听力练习
    C. 学生听不懂的地方就多放几遍，直到听懂
    D. 寻找简单的听力材料，确保学生听懂，增强学生的自信心

73. 对听力材料中的"减轻""疲劳""重视"等生词，下列哪种处理方法比较好？
    A. 让学生理解词义并简单了解一下用法
    B. 让每位学生把生词读一下并纠正发音
    C. 列出生词的近义词和反义词以便学生理解词义
    D. 让每个学生用生词造句

74. 有一位学生反映，词语都能听出来，但是句子、段落就是听不懂，那么这位学生可能**不具备**什么能力？
    A. 细节捕捉能力　　　　　　　B. 听声辨音能力
    C. 综合判断能力　　　　　　　D. 对语音、语调和节奏的辨析能力

75. 学完这段材料后，下列哪项最适合用作学生的拓展练习？
    A. 背诵所学材料，下次课听写学过的句子
    B. 查找中国名茶及产地，下次课作口头汇报
    C. 复述所学材料，下次课到讲台复述
    D. 用所学生词写一段话，题目自拟，下次课交给老师

第76—80题

下面是一位高级汉语水平的日本留学生的报刊课作业。

灰蒙蒙的天空让雷电更"暴躁"

〈摘要〉

　　今年的夏季南京有很多强雷电,特别是9月28日的。当天的南京一共出现过5600多次闪电,而其中18点到20点有3732次,20点到21点半有1927次。很多人最近觉得夏季的强对流天气出现了很多,雷电预警信号动用得也比较多,雷电的程度比原来强得多。

　　在江苏地区,发生雷电伤人或死亡事故的农村比城市多。根据国外的研究发现:实际上这夏天样的时候,城市的雷电可能要比郊区强。但是城市里有很多高楼,防雷工作的楼,所以伤亡事故比农村少。一位教授观测的结果,发现污染和雷电强有关系。印度的专家也发现闪电和污染的相关性,在雷暴附近环境增加地面污染物浓度会使闪电频率增大。

　　南京信息工程大学的一位教授和学生利用大型计算机模拟雷电变化过程。结果发现大气中的污染物不仅影响雷暴云的起电强度,对电荷结构的影响也十分显著。(1)<u>污染空气中比清洁空气中形成了较多的冰相粒子</u>。冰相粒子参与碰撞分离过程,使起电过程增加。

〈我的感想〉

　　(2)<u>我最近觉得天气变化比以前很大,很多</u>。今年的雷电特别异常。在日本比以前雷电强得多,下雨多得多。我认为原因是地球上的温暖化,没想到空气的污染也是原因之一。

76. 句(1)和句(2)的偏误原因主要是:
　　A. 母语负迁移　　　　　　B. 目的语规则泛化
　　C. 回避　　　　　　　　　D. 文化迁移

77. 下列写作课老师的做法与上述报刊课老师的做法相同的是:
　　A. 布置命题作文"我的中国朋友"
　　B. 设定情景,要求学生写一封求职信
　　C. 规定一定的词汇、语法点和篇章结构,要求学生就特定的话题写作文
　　D. 将学生分组,小组共同构思、写提纲、讨论初稿等

78. 针对该生习作中出现的问题,教师应该从下列哪些方面对学生进行训练?
　　A. 谋篇布局　　　　　　　B. 遣词造句
　　C. 立意构思　　　　　　　D. 行文逻辑

79. 通过学生的写作,老师应该对哪个语法点着重进行复习巩固?
　　A. "比"字句　　　　　　　B. 介宾短语作状语
　　C. 程度补语　　　　　　　D. 关联词

80. 如果课上该生对老师说："老师，现在全球污染这么严重，中国应该承担更多的责任，因为中国的人口很多，每天产生的垃圾很多，对环境很不好。"面对学生这样的说法，在课堂上，老师怎么应对？

   A. 不作任何回应，就当没听到

   B. 承认他说的部分是正确的，但是同时也要说明，全球环境的维护需要世界人民的共同努力，因为地球是人类共同的家园

   C. 学生对中国的国情并不了解，但是课上不必多作争论，暂时同意他的观点，以免影响上课

   D. 告诉学生他说的是不对的，实际情况并不是他说的那样

第81—82题

> 李春这个学期被派到韩国教中文。作为一名中文教师志愿者，她承担了学校幼儿园、小学、中学和成人四个年龄层次的汉语课程。在学习《今天几月几号？》一课时，李老师设计了一个表格来进行练习活动。在练习活动中，学生会出现一些语音错误，李老师想要纠正他们的语音错误，但是又怕中途打断学生的交际练习，产生不好的影响。她一时不知该怎么办了。

81. 在会话练习时，老师发现学生出现了语音方面的偏误，**不正确**的做法是：

   A. 及时发现并纠正

   B. 记下学生偏误，练习后统一纠正

   C. 有些偏误可以暂时不去纠正

   D. 对学生偏误有一定的容忍度

82. 在学习日期表达法的时候，李春设计了一个表格，上面有一些著名人物的名字和生日，要求学生按照表格提示用汉语进行交流。这个活动最**不适合**下列哪类学习者？

   A. 幼儿园孩子　　　　　B. 小学生

   C. 中学生　　　　　　　D. 成人

第83—86题

> 双宾句的教学：
>
> （1）老师先评讲上节课的听写情况，然后挑出字写得工整，正确率又高的学生进行表扬，对于表现好的学生，给予奖励（书签、笔），把书签和笔给听写优秀的学生，同时引出今天要学的双宾句：老师送马克一个书签；老师送贝拉一支笔。
>
> （2）老师和学生一起归纳双宾句的结构形式：$S+V+O_1+O_2$。
>
> （3）引导操练。老师提供不同的语境，例如："玛丽明天过生日，你们是好朋友，你要送礼物，你怎么说？""你听到一个秘密，你想告诉马克，你怎么说？""丽莎要去坐公交，她没有带公交卡，你有两块钱硬币，你想帮助丽莎，你怎么做？"PPT展示图片或者简短的动画，让学生根据提供的图片或动画造句子；也可以老师做动作，学生造句子，学生之间应该互相练习。
>
> （4）老师讲解语法结构的意义：首先是两个宾语，前面一个是表示人的宾语，后面一个是表示物的宾语；其次是哪些动词可以用于双宾句。

83. 现在很多老师喜欢使用PPT辅助教学，但过度使用PPT也会带来问题，其中最主要的问题是：

    A. 缺少动态演示，比较单调

    B. 缺乏与学生的交流

    C. 修改起来比较麻烦

    D. 占用课堂时间太多

84. 老师在奖励听写成绩好的学生时，发现最近学习努力但听写成绩依然不理想的山本看起来很失落。此时，老师正确的做法是：

    A. 老师要实事求是，听写分数没有达到优秀就不能得到表扬，否则对其他学生是不公平的。

    B. 暂时忽略山本，不能因为他而影响整个班的上课安排。

    C. 表扬山本最近努力学习的态度，让他知道老师看到了他的努力，相信以后他的成绩会慢慢进步。

    D. 课上先不要管山本，等到下课的时候再单独找他聊一聊。

85. 在教授汉语双宾句的时候，老师没有采用的教学法是：

    A. 归纳法

    B. 语法翻译法

    C. 情景法

    D. 图示法

86. 对于自己感兴趣的内容，学生们总是忍不住要与自己的同伴交流，甚至会用自己的母语或者英语交流看法，偏离汉语课堂，影响教学的顺利进行，这时老师应该怎么做？

A. 直接点名，让他们不要谈论与汉语无关的内容

B. 让说话的学生站起来，以儆效尤

C. 老师暂停讲课，一直看着他们，直到他们不说话

D. 提问说话学生旁边的同学

第 87—89 题

以下各题所描述的情况分别对应不同的文化尺度，请从 A—E 中作出选择，其中有两个多余选项。

87. 当西方老师请日本学生直接称呼自己名字的时候，日本学生会觉得很尴尬，而美国学生则常常直接称呼老师的名字，觉得那是再自然不过的事情。

88. 西方的孩子从十八岁上大学就离开家庭，自己打工挣学费和生活费，父母年老也不期待孩子的赡养。这种情况在中国几乎很少发生。

89. 有些学生喜欢老师制订出详细的学习计划，并且愿意按照老师的计划学习，而有的学生则很反感这样的老师。

87. _____
88. _____
89. _____

A. 权力距离
B. 不确定性规避
C. 男性文化与女性文化
D. 长期与短期导向
E. 集体主义与个人主义

第 90—92 题

> 北京什刹海南边先前的一个小饭馆里有一副古联:"陆羽茶经元亮酒,韦家食谱步兵厨。"概括了中国的饮食文化:茶、酒与烹调。茶的发现和利用是中国人对人类文化史的一大贡献,至今仍是世界三大饮料之一。酒的历史比茶早,从考古发掘知道,在原始社会的新石器时代就已经有酒。烹调是中国饮食文化中最突出的一种,这不仅因为烹调是一种艺术,而且因为吃的方式也大有讲究。

90. 好茶离不开好水,被乾隆皇帝加封为"天下第一泉"的是:
    A. 山东济南趵突泉 B. 江西庐山谷帘泉
    C. 江苏镇江中泠泉 D. 北京玉泉

91. 中国的酒世界闻名,下列酒的香型为酱香型的是:
    A. 茅台酒 B. 五粮液
    C. 泸州老窖特曲酒 D. 汾酒

92. 中国的菜系可分为八大菜系,也可分为四大菜系,下列哪个**不属于**四大菜系之列?
    A. 粤菜 B. 湘菜 C. 鲁菜 D. 淮扬菜

第 93—95 题

> 2017 年,文化类节目火爆荧屏。《见字如面》《成语大会》《中国诗词大会》《朗读者》……档档节目都获得好口碑。文化生态多种多样,观众需要哈哈爆笑来解压,更需要悠久的文化来滋养。而有营养的节目,显然更受追捧。

93. 在《见字如面》中,著名演员何冰读了一封千古流传的信《与山巨源绝交书》,这封信的作者是:
    A. 刘伶 B. 阮籍
    C. 向秀 D. 嵇康

94. 成语是中华文化中的瑰宝,短小精悍的成语中蕴含着丰富的意义,常见的成语多为四字成语,但是也有三字成语、五字成语等,字数并不是完全固定的,下列哪个**不是**成语?
    A. 莫须有
    B. 真金不怕火炼
    C. 有眼不识泰山
    D. 项庄舞剑,意在沛公

95. 《中国诗词大会》不仅仅是一档文娱节目，它也给老百姓们提供了一个了解中华诗词文化的窗口，让大众从生活中感受诗词的力量。《诗经》作为中国古代诗歌的开端，是中国最早的一部诗歌总集，它所收集的诗歌的时期是：
   A. 西周初年至战国初年
   B. 西周初年至春秋中叶
   C. 西周末年至战国末年
   D. 西周末年至春秋末年

第 96－100 题

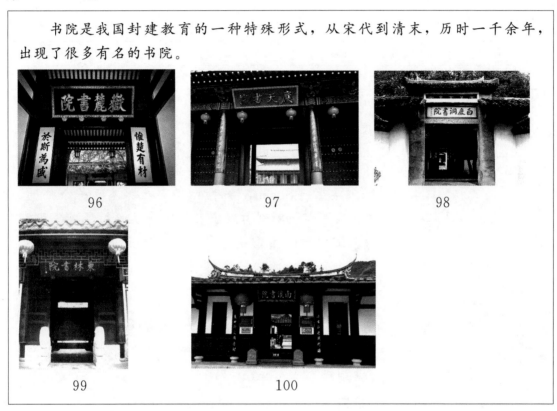

以上书院分别处在哪个省？请在 A－H 中进行选择，其中有三个多余选项。

96. _____
97. _____
98. _____
99. _____
100. _____

A. 江西省
B. 湖南省
C. 青海省
D. 江苏省
E. 福建省
F. 四川省
G. 河北省
H. 河南省

第三部分 综合素质

本部分为情境判断题，共50题。

第101—135题，每组题目由情境及随后的若干条与情境相关的陈述构成，每条陈述都是对情境的一种反应，包括行为、判断、观点或感受等。请先阅读情境，然后根据你对情境的理解，判断你对每条陈述的认同程度，并在答题卡上填涂相应的字母，每个字母代表不同的认同程度。说明如下：

A	B	C	D	E
非常不认同	比较不认同	不确定	比较认同	非常认同

例题：

> 王宏是澳大利亚某孔子学院的老师。他班上的学生大多是当地的成年人，来自不同的社区，其中有一位学生叫Susan，今年48岁，已经有了一个孙子。Susan是一位马拉松爱好者，两天前她刚刚打破了当地的女子马拉松成年组纪录。王宏非常敬佩Susan，课上他对学生们说："作为一位48岁的'年轻奶奶'，能够取得这样的成绩，简直是个奇迹！"没想到，Susan在下课后立即向校方投诉了王宏，说他不尊重学生的隐私。

面对这种情况，如果你是王宏，请你给出对下列陈述的认同程度：
1. 隐私需要尊重，但自己只是想表达对Susan的敬佩，Susan的反应有些过分了。
2. 应该向Susan表达歉意，说明自己的想法，争取Susan的谅解。
3. 经过此事后，应该调整自己的认识，充分尊重他人的隐私。
4. Susan只是一时情绪激动，校方出面做好解释和安抚工作就好，自己再去道歉反而小题大做了。

作答示例：若你对第1题的陈述"比较不认同"，则选择B；若对第2题的陈述"比较认同"，则选择D；若对第3题的陈述"非常认同"，则选择E；若对第4题陈述的认同程度介于"比较不认同"和"比较认同"之间，则选择C。各题之间互不影响。

第 101-108 题

> 李老师在国外的一所孔子学院任教,在一次口语课上,一位学生突然站起来问李老师是什么宗教信仰,因为该学生信仰基督教,周日要去教堂做礼拜,如果李老师也信仰基督教,就想约李老师周日一起去教堂。李老师由于没有宗教信仰,一时间不知道怎么回答该学生的问题。

面对这种情况,如果你是李老师,请你给出对下列陈述的认同程度:

101. 因为自己是坚定的共产主义者,所以直接告诉学生自己不信仰任何宗教。
102. 觉得说自己没有宗教信仰会引起学生的异样眼光,就说信仰基督教。
103. 可以告诉学生自己信仰佛教,并顺势介绍中国关于佛教的传统文化。
104. 告诉学生宗教信仰是敏感话题,在课上不讨论宗教信仰。

> 李老师是一个比较宅的人,喜欢看热门的偶像剧和美剧。到了国外后,课余时间她也不知道该干什么,同事们给她提了很多建议,比如可以去教堂,可以去休闲场所,也可以逛逛商场,等等。

面对这种情况,如果你是李老师,请你给出对下列陈述的认同程度:

105. 可以经常去当地的教堂,参加集会,多认识一些当地的人。
106. 利用课余时间参观当地的市政厅、图书馆等,了解当地的人文特点和社会风情。
107. 课余时间可以宅在宿舍看看国内的电视剧,听听音乐,或者看看美剧。
108. 找中国同事或同一批志愿者聚餐、逛街,聊聊所见所闻。

第 109-116 题

> 吕老师在国内一所大学教进修班的汉语综合课。他的班有韩国、印度尼西亚、乌兹别克斯坦、美国、土库曼斯坦、肯尼亚、亚美尼亚等不同国家的学生。最近他发现班里的学生有自己的小团体,大多和本国人交往,课堂活动也只跟本国人讨论。

面对这种情况,如果你是吕老师,请你给出对下列陈述的认同程度:

109. 这是学生的自由,老师无权干涉,而且本国学生喜欢待在一起是自然的,老师无须大惊小怪。
110. 组织课堂活动时,让不同国别的学生交叉分组。
111. "团体"现象可能是文化偏见造成的,老师在课堂上要有意无意地教导学生形成宽容的文化理念。

112. 开展形式多样的集体活动，让大家同时参与一项活动，增加彼此的了解，增强集体的凝聚力。

> 期末考试结束时，班里一个叫艾米的学生单独找到吕老师，说自己每天都按时上课，作业也都及时完成，但是分数就是考不高，想让老师给他高一点儿的分，吕老师委婉拒绝了。后来，艾米又多次找吕老师，希望可以加分。

面对这种情况，如果你是吕老师，请你给出对下列陈述的认同程度：

113. 可以态度诚恳地肯定艾米做得好的地方，并指出艾米仍需努力的地方，鼓励艾米在下学期通过自己的努力取得好成绩。
114. 可以给艾米加分，加分对自己又没有什么影响，但要告诉艾米不要对其他同学讲。
115. 不应该随意给学生加分，而且在开学第一节课就已经将评分规则告诉学生了，应该严格执行。
116. 如果一个好的分数可以帮学生在国外申请到一个好大学或找到一份好工作，可以考虑适当加分。

第117—125题

> 许老师在一所孔子学院教中文。在他的汉语课上，一位初中生迟到了，却直接走进教室，边走边和班里的学生讲话。许老师让他出去再进来，并要有礼貌地说："很抱歉，我迟到了。"第二天，这位学生又迟到了，而且他妈妈也来了。他妈妈对许老师说："上次迟到是因为我有事情，不是孩子的错，请你向孩子道歉。"

面对这种情况，如果你是许老师，请你给出对下列陈述的认同程度：

117. 不卑不亢地与家长沟通，若实在难以沟通，就上报学校，请领导处理。
118. 学校对迟到是有规定的，学生违反了规定就应该接受相应的处分。
119. 既然您觉得是因为您才导致孩子迟到，那么您应该向孩子道歉。
120. 直接告知上级领导或校长，让他们与家长沟通。
121. 语气上和气、耐心地与家长交流，让她明白家长与老师是合作关系，事后向领导与当地老师请教如何处理这类突发事件，认真听取意见。

> 一天，许老师正在给学生上课，一位学生突然站起来对他说："老师，我不明白，为什么很多中国人喜欢吃皮蛋，太恶心了！"

面对这种情况，如果你是许老师，请你给出对下列陈述的认同程度：

122. 告诉学生现在是上课时间，不便讨论与课堂无关的事，下课再说。
123. 顺势将这个问题作为家庭作业，让学生小组分工，回去查资料、图片，并做成PPT，下次课以小组汇报的形式向大家介绍皮蛋。
124. 告诉学生每个国家都有自己的饮食习惯，而且皮蛋又叫"松花蛋"，因为松花蛋上有天然的花纹，像松叶一样，中国人觉得很美。
125. 认为这个学生故意捣乱，对他的问题不作回答和解释。

第126—129题

> 张老师在国内一所国际学校教小学生。他让每位学生动手制作一棵属于自己的"成长树"，贴在教室四周的墙上。老师根据学生的纪律情况、参与活动的积极性、作业、课上发言等方面的表现，发给他们小红花，学生得到十个小红花，就可以兑换一个"快乐果"，挂在自己的成长树上。在每个"快乐果"上，孩子们还可以记录自己的快乐，如："我能画熊猫了！""我遵守纪律，老师表扬我了！""我的汉语发音越来越好了！"学生为了多得"快乐果"，积极要求上进，班级管理得井井有条。

面对这种情况，如果你是张老师，请你给出对下列陈述的认同程度：

126. 让学生把自己的"成长树"贴在教室的墙上，这样做会伤害到学生，因为这也是学生的隐私。
127. 张老师的做法在国内的小学比较常见，属于正强化，会给孩子带来一种竞争意识，激发表现欲，一定程度上有利于孩子积极进取。
128. 这种做法难免会给红花较少、自尊心较强的孩子带来焦虑感甚至自卑感。
129. 这种教学布置并不是真正的国际学校的做法，我们迫切需要改变一些传统的观念才能真正做好国际学校老师或者国际中文老师。

第 130—135 题

> 姚老师在一所大学教民族预科班，学期结束，分数出来时，很多学生对自己的成绩不满意，觉得自己平常表现很好，自认为考试的时候，发挥得也很好，不应该是现在的分数，希望老师能够告诉他们详细的评分标准。可是，详细的评分标准，姚老师并没有制定，一时也不知道怎么办了。

面对这种情况，如果你是姚老师，请你给出对下列陈述的认同程度：

130. 对于有异议的学生，可以参考他们的平常表现，酌情给他们额外加分。
131. 成绩已经出来了，没有办法再改变了。
132. 把他们的考试试卷拿出来，详细分析他们的错误在哪里，让他们信服。
133. 告诉他们没有制定详细的评分标准，但是根据他们平时的表现与书面考试，这个分数是完全公平的。
134. 告诉他们评分标准不在自己手里，等拿到评分标准以后，拿给他们看。
135. 告诉他们这次没有制定详细的评分标准，向他们表明歉意，希望他们理解。

第 136—150 题，每题由一个情境和四个与情境相关的陈述构成，每个陈述都是对这个情境的一种反应，包括行为、判断、观点或感受等。请先阅读情境，然后根据你对情境的理解，从 ABCD 四个陈述中选出你认为在此情境下最合适的反应和最不合适的反应，并在答题卡上按照先后顺序填涂答案。

例题：

> 李敏在日本一所学校教中文。刚到日本时，她选择与一位日本同事合租公寓。日本对垃圾分类有严格的要求，虽然李敏很注意垃圾的分类，但由于之前并没有这方面的经验，所以还是经常弄错，甚至导致邻居投诉。室友也多次因此事指责她，言语之间甚至认为李敏没有素质。

面对这种情况，你认为最合适的选择是（ ），最不合适的选择是（ ）。

A. 被室友和邻居误解太没面子了，须尽快从中国同事那里学习垃圾分类的技巧。
B. 主动向室友和邻居道歉，说明原委，并向室友寻求帮助，向她学习垃圾分类的方法。
C. 鉴于和室友以及邻居目前的关系不太好，还是尽快找中国同事合住，以便度过适应期。
D. 无须多解释，自己努力学习如何处理垃圾，在不与室友和邻居发生冲突的情况下解决问题。

作答示例：最合适 B　最不合适 C

第 136 题

> 陆老师在泰国一所小学教中文。课上，一名男同学不好好听讲，还扰乱课堂秩序，在劝说不改的情况下，陆老师严肃地斥责了这位男同学。令她没想到的是，这位男同学竟然向她身上吐口水。陆老师委屈得哭了。

面对这种情况，你认为最合适的选择是（　），最不合适的选择是（　）。
A. 向学校领导反映情况，自己管不住了，请能管住这名学生的人来管教他。
B. 尽量让自己先平静下来，也努力让学生平静下来，好好沟通。
C. 向学生的家长反映学生在学校的表现，让家长回去好好批评他。
D. 忍住不哭，以后少跟这个学生接触，不要多管他的事了。

第 137 题

> 钱老师目前在韩国的一所大学教中文专业的学生。由于使用的教材课文生词较多，钱老师处理生词时一般都是在课文中讲解生词的用法；对于那些学生比较难掌握的词，钱老师会在课文学习后着重处理。不过，班里有两个学生对此做法有疑问，他们课下找到钱老师和教导主任，建议钱老师先讲解生词，因为不讲生词的话他们很难理解课文。

面对这种情况，你认为最合适的选择是（　），最不合适的选择是（　）。
A. 先处理生词，在这个过程中重点生词不做太多的扩展练习。
B. 告诉学生，他要在班里征求其他学生的意见，服从多数人的意见。
C. 向其他有经验的老师请教，然后再决定。
D. 根据生词的多少、课文的难易度决定每节课的讲解顺序。

第 138 题

> 下课后，张老师发现课上自己有一个语法点讲错了，此时学生已经陆续离开教室了。张老师觉得很尴尬，有点儿不知道该怎么办了。

面对这种情况，你认为最合适的选择是（　），最不合适的选择是（　）。
A. 已经下课了，也没有办法了，只能等学生以后自己慢慢发现了。
B. 下次课，在复习的环节，对讲错的部分进行说明，纠正过来。
C. 错了就错了，如果主动跟学生承认错误会有损老师的威严，所以还是不要告诉学生了。
D. 以后的课上，不知不觉中告诉学生这个语法点的正确用法。

第 139 题

> 新手教师小王的班上有一名学生很努力，但是由于基础太差、学能不佳等原因，她的成绩一直不好。小王非常想帮助和鼓励这个学生，因此在课堂上经常叫她回答问题，纠正她的错误耗时更多，也更仔细。

面对这种情况，你认为最合适的选择是（   ），最不合适的选择是（   ）。

A. 课堂上经常叫该生回答问题，会让她有紧张感，反而给她贴了"后进"的标签。

B. 老师不能因为过于想帮助某个学生而破坏课堂上的公平原则，这对其他学生不公平。

C. 为了减少该生的焦虑情绪，老师可以课后给予学生帮助。

D. 了解该生的学习难点，给予鼓励，树立信心。

第 140 题

> 在上海任教的李老师遇到了这样一个学生：他叫博拉，在课堂上特别喜欢回答问题。每次李老师提问，他总是积极思考，踊跃发言。起初李老师很高兴，觉得博拉是个催化剂，可以带动其他学生发言。可是时间久了，李老师发现，博拉比较自我，对于回答问题的机会从来都是当仁不让，以至于其他学生产生了反感情绪，甚至越来越孤立他。

面对这种情况，你认为最合适的选择是（   ），最不合适的选择是（   ）。

A. 如果班上有这样的学生，老师可以采用点名式，学生们被叫的机会是均等的。

B. 对于自由表达的话题，可以规定，最多说多长时间，如果超时，该打断就打断。

C. 如果已经指定学生回答后还有人总是抢答，老师可以用眼神忽略他，装作没听见，请指定学生继续作答。

D. 对于提问，老师要认真准备问题清单，将不同难度等级的问题有目的地分配给学生。

第 141 题

> 小陈是赴海外教中小学的国际中文教师志愿者。有一次，当地家长提起他们对西藏、新疆的迥异看法。小陈急于申明和陈述中国的立场，却被对方嘲笑，说他已被"洗脑"了，结果说着说着就不欢而散了。

面对这种情况，你认为最合适的选择是（　　），最不合适的选择是（　　）。

A. 不用情绪紧张，尽量用简单、平实、客观的语句告诉对方自己的观点就好。

B. 志愿者在国外代表的是中国的形象，对于任何污蔑中国的言论都要抵制。

C. 如果对方说得有道理，也可以认同他的观点。

D. 举事实，表达自己的看法，但不是一定要对方接受自己的观点，每个人都有表达自己看法的权利。

第 142 题

> 课堂上，有个学生提出一个问题，考虑到不是授课重点，王老师回答说现在时间不够，以后会讲到。但这个学生态度不佳地表示，他怀疑王老师根本无法有效解答这个问题。

面对这种情况，你认为最合适的选择是（　　），最不合适的选择是（　　）。

A. 不管怎么样，要按照原有计划进行教学，忽略学生的质疑。

B. 既然有这样的质疑，那就花五分钟的时间来讲解一下这个问题，以增强老师的学术权威。

C. 问一下班内其他学生是否懂这个问题，大部分人都不会，那就讲一下。

D. 课上暂时不要多作处理，课下找学生多交流。

第 143 题

> 假设郭老师只会英语和汉语，教材中的翻译、注释也是英语的。现在郭老师教授一个零起点班，班里的学生有些会英语，有些则不会。

面对这种情况，你认为最合适的选择是（　　），最不合适的选择是（　　）。

A. 大量使用实物、图片展示词义。

B. 请学生在课堂上翻译，例如，同时会英语和俄语的人就可以给只会俄语的学生翻译。

C. 参考其他不同语种翻译教材的相同语法点，复印下来给部分学生看。

D. 给学生介绍会说其母语的语伴。

第 144 题

> 张老师在韩国一所高中教授中文，和她一起上课的还有她的搭档朴老师。上课的时候，朴老师经常让张老师担当领读与带读的角色，课堂的主导权都在朴老师手中。面对这样的情况，张老师觉得有点儿郁闷。

面对这种情况，你认为最合适的选择是（　　），最不合适的选择是（　　）。

A. 张老师应该保持心态平衡，做好自己的领读与带读工作。

B. 不要胡思乱想，努力配合好自己的搭档老师。

C. 课上多学习搭档老师的教学经验，课下多向搭档老师请教，要谦逊。

D. 摆正自己的心态，即使是做"复读机"，也要做最称职的"复读机"。

第 145 题

> 赵老师课前精心准备了 PPT，可是第一节课时设备出现了故障，不能播放声音。问题是声音在这节课中非常重要，赵老师一时不知道该怎么办了。

面对这种情况，你认为最合适的选择是（　　），最不合适的选择是（　　）。

A. 放弃播放 PPT，用别的教学方案。

B. 继续使用 PPT，声音部分由教师自述。

C. 找人协助维修，直到声音能够播放。

D. 临时改换教学内容。

第 146 题

> 一次课上，刘老师听到很多学生在底下窃窃私语，隐约听到他们在讨论自己今天穿的衣服。他们说老师今天穿得像公交车大妈，还边说边笑。刘老师很生气，大声呵斥这些学生，不让他们说话。

面对这种情况，你认为最合适的选择是（　　），最不合适的选择是（　　）。

A. 提高自己讲课的声音，把学生的注意力拉回教学内容上来。

B. 他们都还是孩子，对他们的评论一笑而过。

C. 下次上课，应该注重自己的着装，不能过于随意，也要注意颜色搭配。

D. 询问学生们，喜欢老师穿什么样的衣服。

第 147 题

> 韦老师在使用图片的时候，经常用欧洲人的图片进行教学。一次，一个韩国学生说老师喜欢欧美人，不喜欢黄皮肤黑头发的亚洲人，班里很多亚洲学生也都有此看法。韦老师觉得他没有这样的想法，心里有点儿难过。

面对这种情况，你认为最合适的选择是（　　），最不合适的选择是（　　）。
A. 以后使用图片的时候，要注意，避免引起学生的误会。
B. 明确告诉学生自己没有这样的想法。
C. 反思自己以前使用过的图片，如果存在这样的情况，真诚地道歉。
D. 课后多跟学生交流，了解他们的喜好，尽量多使用和学生有关的图片素材。

第 148 题

> 安老师在国内一所大学教成人短期班的听说课。为了让学生提高听力水平，她每次上课时都用半节课的时间让学生做口头报告。学生的报告大多都是事先写了讲稿，然后背下来，语体比较书面化，并且语速较慢。有一天，一个学生在课上说自己在校外听别的中国人说话还是听不懂，其他学生立刻表示有同感。

面对这种情况，你认为最合适的选择是（　　），最不合适的选择是（　　）。
A. 改变教学策略，把更多的时间放在自由口头训练上。
B. 以后的课堂中，不仅要有口头报告，还要增加针对口头报告内容的提问环节。
C. 口头报告内容要接近实际生活，不能过于书面。
D. 听说课中，要先多听，输入足够了才能有效输出。

第 149 题

> 姜老师在澳大利亚一家孔子课堂教学。考完试，他将全班学生的成绩排名公布出来。班内几个欧美学生对老师的这一做法表示很不满，觉得老师侵犯了他们的隐私。

面对这种情况，你认为最合适的选择是（　　），最不合适的选择是（　　）。
A. 大部分人都没有意见，只有他们几个有意见，不必放在心上。
B. 安抚学生的情绪，真诚地道歉，说明自己考虑不周，表示歉意。
C. 告诉他们，老师这样做是为他们好，是为了激励他们好好学习。
D. 以后，考试成绩都不要公开。

第 150 题

> 何老师在印度尼西亚教初级班汉语。他本人觉得初级班学生不适合通过电影学习汉语,所以从来没有考虑过在课堂上放映电影。可学生们却一再要求,甚至在课上集体提议看一部中国电影。

面对这种情况,你认为最合适的选择是( ),最不合适的选择是( )。

A. 坚持自己的教学原则,不合理的要求不予采纳。

B. 告诉他们,如果想看中国电影,先班级集体讨论,选定之后再告诉老师,决定看不看。

C. 可以答应他们的要求,但是看过电影之后要写感想。

D. 可以答应他们的要求,让他们放松一下。

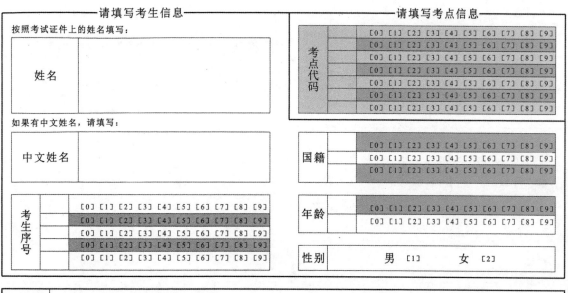

答 题 卡

61. [A] [B] [C] [D] [E] [F] [G]   66. [A] [B] [C] [D] [E] [F] [G]   71. [A] [B] [C] [D] [E] [F] [G]
62. [A] [B] [C] [D] [E] [F] [G]   67. [A] [B] [C] [D] [E] [F] [G]   72. [A] [B] [C] [D] [E] [F] [G]
63. [A] [B] [C] [D] [E] [F] [G]   68. [A] [B] [C] [D] [E] [F] [G]   73. [A] [B] [C] [D] [E] [F] [G]
64. [A] [B] [C] [D] [E] [F] [G]   69. [A] [B] [C] [D] [E] [F] [G]   74. [A] [B] [C] [D] [E] [F] [G]
65. [A] [B] [C] [D] [E] [F] [G]   70. [A] [B] [C] [D] [E] [F] [G]   75. [A] [B] [C] [D] [E] [F] [G]

76. [A] [B] [C] [D] [E] [F] [G]   81. [A] [B] [C] [D] [E] [F] [G]   86. [A] [B] [C] [D] [E] [F] [G]
77. [A] [B] [C] [D] [E] [F] [G]   82. [A] [B] [C] [D] [E] [F] [G]   87. [A] [B] [C] [D] [E] [F] [G]
78. [A] [B] [C] [D] [E] [F] [G]   83. [A] [B] [C] [D] [E] [F] [G]   88. [A] [B] [C] [D] [E] [F] [G]
79. [A] [B] [C] [D] [E] [F] [G]   84. [A] [B] [C] [D] [E] [F] [G]   89. [A] [B] [C] [D] [E] [F] [G]
80. [A] [B] [C] [D] [E] [F] [G]   85. [A] [B] [C] [D] [E] [F] [G]   90. [A] [B] [C] [D] [E] [F] [G]

91. [A] [B] [C] [D] [E] [F] [G]   96. [A] [B] [C] [D] [E] [F] [G]   101. [A] [B] [C] [D] [E] [F] [G]
92. [A] [B] [C] [D] [E] [F] [G]   97. [A] [B] [C] [D] [E] [F] [G]   102. [A] [B] [C] [D] [E] [F] [G]
93. [A] [B] [C] [D] [E] [F] [G]   98. [A] [B] [C] [D] [E] [F] [G]   103. [A] [B] [C] [D] [E] [F] [G]
94. [A] [B] [C] [D] [E] [F] [G]   99. [A] [B] [C] [D] [E] [F] [G]   104. [A] [B] [C] [D] [E] [F] [G]
95. [A] [B] [C] [D] [E] [F] [G]   100. [A] [B] [C] [D] [E] [F] [G] 105. [A] [B] [C] [D] [E] [F] [G]

106. [A] [B] [C] [D] [E] [F] [G] 111. [A] [B] [C] [D] [E] [F] [G] 116. [A] [B] [C] [D] [E] [F] [G]
107. [A] [B] [C] [D] [E] [F] [G] 112. [A] [B] [C] [D] [E] [F] [G] 117. [A] [B] [C] [D] [E] [F] [G]
108. [A] [B] [C] [D] [E] [F] [G] 113. [A] [B] [C] [D] [E] [F] [G] 118. [A] [B] [C] [D] [E] [F] [G]
109. [A] [B] [C] [D] [E] [F] [G] 114. [A] [B] [C] [D] [E] [F] [G] 119. [A] [B] [C] [D] [E] [F] [G]
110. [A] [B] [C] [D] [E] [F] [G] 115. [A] [B] [C] [D] [E] [F] [G] 120. [A] [B] [C] [D] [E] [F] [G]

121. [A] [B] [C] [D] [E] [F] [G] 126. [A] [B] [C] [D] [E] [F] [G] 131. [A] [B] [C] [D] [E] [F] [G]
122. [A] [B] [C] [D] [E] [F] [G] 127. [A] [B] [C] [D] [E] [F] [G] 132. [A] [B] [C] [D] [E] [F] [G]
123. [A] [B] [C] [D] [E] [F] [G] 128. [A] [B] [C] [D] [E] [F] [G] 133. [A] [B] [C] [D] [E] [F] [G]
124. [A] [B] [C] [D] [E] [F] [G] 129. [A] [B] [C] [D] [E] [F] [G] 134. [A] [B] [C] [D] [E] [F] [G]
125. [A] [B] [C] [D] [E] [F] [G] 130. [A] [B] [C] [D] [E] [F] [G] 135. [A] [B] [C] [D] [E] [F] [G]

136. [A] [B] [C] [D] [A] [B] [C] [D]   141. [A] [B] [C] [D] [A] [B] [C] [D]   146. [A] [B] [C] [D] [A] [B] [C] [D]
137. [A] [B] [C] [D] [A] [B] [C] [D]   142. [A] [B] [C] [D] [A] [B] [C] [D]   147. [A] [B] [C] [D] [A] [B] [C] [D]
138. [A] [B] [C] [D] [A] [B] [C] [D]   143. [A] [B] [C] [D] [A] [B] [C] [D]   148. [A] [B] [C] [D] [A] [B] [C] [D]
139. [A] [B] [C] [D] [A] [B] [C] [D]   144. [A] [B] [C] [D] [A] [B] [C] [D]   149. [A] [B] [C] [D] [A] [B] [C] [D]
140. [A] [B] [C] [D] [A] [B] [C] [D]   145. [A] [B] [C] [D] [A] [B] [C] [D]   150. [A] [B] [C] [D] [A] [B] [C] [D]

（注意：本答题卡仅供考生填涂练习之用。）

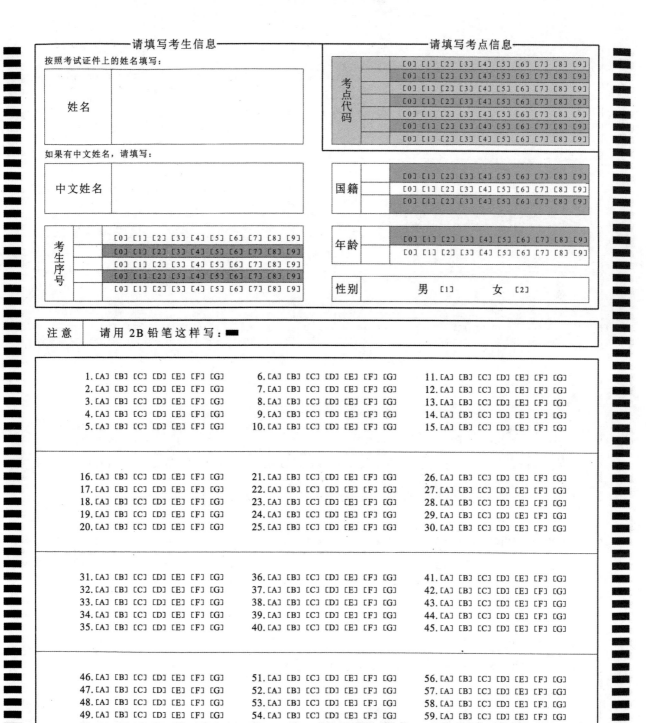

答 题 卡

61. [A] [B] [C] [D] [E] [F] [G]   66. [A] [B] [C] [D] [E] [F] [G]   71. [A] [B] [C] [D] [E] [F] [G]
62. [A] [B] [C] [D] [E] [F] [G]   67. [A] [B] [C] [D] [E] [F] [G]   72. [A] [B] [C] [D] [E] [F] [G]
63. [A] [B] [C] [D] [E] [F] [G]   68. [A] [B] [C] [D] [E] [F] [G]   73. [A] [B] [C] [D] [E] [F] [G]
64. [A] [B] [C] [D] [E] [F] [G]   69. [A] [B] [C] [D] [E] [F] [G]   74. [A] [B] [C] [D] [E] [F] [G]
65. [A] [B] [C] [D] [E] [F] [G]   70. [A] [B] [C] [D] [E] [F] [G]   75. [A] [B] [C] [D] [E] [F] [G]

76. [A] [B] [C] [D] [E] [F] [G]   81. [A] [B] [C] [D] [E] [F] [G]   86. [A] [B] [C] [D] [E] [F] [G]
77. [A] [B] [C] [D] [E] [F] [G]   82. [A] [B] [C] [D] [E] [F] [G]   87. [A] [B] [C] [D] [E] [F] [G]
78. [A] [B] [C] [D] [E] [F] [G]   83. [A] [B] [C] [D] [E] [F] [G]   88. [A] [B] [C] [D] [E] [F] [G]
79. [A] [B] [C] [D] [E] [F] [G]   84. [A] [B] [C] [D] [E] [F] [G]   89. [A] [B] [C] [D] [E] [F] [G]
80. [A] [B] [C] [D] [E] [F] [G]   85. [A] [B] [C] [D] [E] [F] [G]   90. [A] [B] [C] [D] [E] [F] [G]

91. [A] [B] [C] [D] [E] [F] [G]   96. [A] [B] [C] [D] [E] [F] [G]   101. [A] [B] [C] [D] [E] [F] [G]
92. [A] [B] [C] [D] [E] [F] [G]   97. [A] [B] [C] [D] [E] [F] [G]   102. [A] [B] [C] [D] [E] [F] [G]
93. [A] [B] [C] [D] [E] [F] [G]   98. [A] [B] [C] [D] [E] [F] [G]   103. [A] [B] [C] [D] [E] [F] [G]
94. [A] [B] [C] [D] [E] [F] [G]   99. [A] [B] [C] [D] [E] [F] [G]   104. [A] [B] [C] [D] [E] [F] [G]
95. [A] [B] [C] [D] [E] [F] [G]   100. [A] [B] [C] [D] [E] [F] [G]   105. [A] [B] [C] [D] [E] [F] [G]

106. [A] [B] [C] [D] [E] [F] [G]   111. [A] [B] [C] [D] [E] [F] [G]   116. [A] [B] [C] [D] [E] [F] [G]
107. [A] [B] [C] [D] [E] [F] [G]   112. [A] [B] [C] [D] [E] [F] [G]   117. [A] [B] [C] [D] [E] [F] [G]
108. [A] [B] [C] [D] [E] [F] [G]   113. [A] [B] [C] [D] [E] [F] [G]   118. [A] [B] [C] [D] [E] [F] [G]
109. [A] [B] [C] [D] [E] [F] [G]   114. [A] [B] [C] [D] [E] [F] [G]   119. [A] [B] [C] [D] [E] [F] [G]
110. [A] [B] [C] [D] [E] [F] [G]   115. [A] [B] [C] [D] [E] [F] [G]   120. [A] [B] [C] [D] [E] [F] [G]

121. [A] [B] [C] [D] [E] [F] [G]   126. [A] [B] [C] [D] [E] [F] [G]   131. [A] [B] [C] [D] [E] [F] [G]
122. [A] [B] [C] [D] [E] [F] [G]   127. [A] [B] [C] [D] [E] [F] [G]   132. [A] [B] [C] [D] [E] [F] [G]
123. [A] [B] [C] [D] [E] [F] [G]   128. [A] [B] [C] [D] [E] [F] [G]   133. [A] [B] [C] [D] [E] [F] [G]
124. [A] [B] [C] [D] [E] [F] [G]   129. [A] [B] [C] [D] [E] [F] [G]   134. [A] [B] [C] [D] [E] [F] [G]
125. [A] [B] [C] [D] [E] [F] [G]   130. [A] [B] [C] [D] [E] [F] [G]   135. [A] [B] [C] [D] [E] [F] [G]

136. [A] [B] [C] [D] [A] [B] [C] [D]   141. [A] [B] [C] [D] [A] [B] [C] [D]   146. [A] [B] [C] [D] [A] [B] [C] [D]
137. [A] [B] [C] [D] [A] [B] [C] [D]   142. [A] [B] [C] [D] [A] [B] [C] [D]   147. [A] [B] [C] [D] [A] [B] [C] [D]
138. [A] [B] [C] [D] [A] [B] [C] [D]   143. [A] [B] [C] [D] [A] [B] [C] [D]   148. [A] [B] [C] [D] [A] [B] [C] [D]
139. [A] [B] [C] [D] [A] [B] [C] [D]   144. [A] [B] [C] [D] [A] [B] [C] [D]   149. [A] [B] [C] [D] [A] [B] [C] [D]
140. [A] [B] [C] [D] [A] [B] [C] [D]   145. [A] [B] [C] [D] [A] [B] [C] [D]   150. [A] [B] [C] [D] [A] [B] [C] [D]

（注意：本答题卡仅供考生填涂练习之用。）

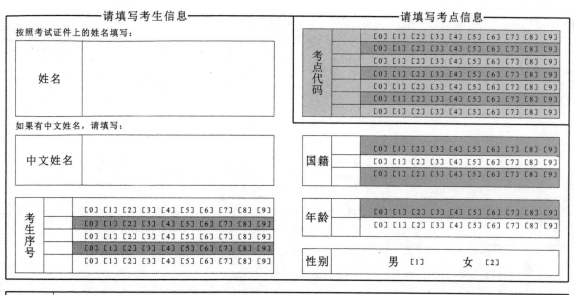

答 题 卡

61. [A] [B] [C] [D] [E] [F] [G]   66. [A] [B] [C] [D] [E] [F] [G]   71. [A] [B] [C] [D] [E] [F] [G]
62. [A] [B] [C] [D] [E] [F] [G]   67. [A] [B] [C] [D] [E] [F] [G]   72. [A] [B] [C] [D] [E] [F] [G]
63. [A] [B] [C] [D] [E] [F] [G]   68. [A] [B] [C] [D] [E] [F] [G]   73. [A] [B] [C] [D] [E] [F] [G]
64. [A] [B] [C] [D] [E] [F] [G]   69. [A] [B] [C] [D] [E] [F] [G]   74. [A] [B] [C] [D] [E] [F] [G]
65. [A] [B] [C] [D] [E] [F] [G]   70. [A] [B] [C] [D] [E] [F] [G]   75. [A] [B] [C] [D] [E] [F] [G]

76. [A] [B] [C] [D] [E] [F] [G]   81. [A] [B] [C] [D] [E] [F] [G]   86. [A] [B] [C] [D] [E] [F] [G]
77. [A] [B] [C] [D] [E] [F] [G]   82. [A] [B] [C] [D] [E] [F] [G]   87. [A] [B] [C] [D] [E] [F] [G]
78. [A] [B] [C] [D] [E] [F] [G]   83. [A] [B] [C] [D] [E] [F] [G]   88. [A] [B] [C] [D] [E] [F] [G]
79. [A] [B] [C] [D] [E] [F] [G]   84. [A] [B] [C] [D] [E] [F] [G]   89. [A] [B] [C] [D] [E] [F] [G]
80. [A] [B] [C] [D] [E] [F] [G]   85. [A] [B] [C] [D] [E] [F] [G]   90. [A] [B] [C] [D] [E] [F] [G]

91. [A] [B] [C] [D] [E] [F] [G]   96. [A] [B] [C] [D] [E] [F] [G]   101. [A] [B] [C] [D] [E] [F] [G]
92. [A] [B] [C] [D] [E] [F] [G]   97. [A] [B] [C] [D] [E] [F] [G]   102. [A] [B] [C] [D] [E] [F] [G]
93. [A] [B] [C] [D] [E] [F] [G]   98. [A] [B] [C] [D] [E] [F] [G]   103. [A] [B] [C] [D] [E] [F] [G]
94. [A] [B] [C] [D] [E] [F] [G]   99. [A] [B] [C] [D] [E] [F] [G]   104. [A] [B] [C] [D] [E] [F] [G]
95. [A] [B] [C] [D] [E] [F] [G]   100. [A] [B] [C] [D] [E] [F] [G] 105. [A] [B] [C] [D] [E] [F] [G]

106. [A] [B] [C] [D] [E] [F] [G]   111. [A] [B] [C] [D] [E] [F] [G]   116. [A] [B] [C] [D] [E] [F] [G]
107. [A] [B] [C] [D] [E] [F] [G]   112. [A] [B] [C] [D] [E] [F] [G]   117. [A] [B] [C] [D] [E] [F] [G]
108. [A] [B] [C] [D] [E] [F] [G]   113. [A] [B] [C] [D] [E] [F] [G]   118. [A] [B] [C] [D] [E] [F] [G]
109. [A] [B] [C] [D] [E] [F] [G]   114. [A] [B] [C] [D] [E] [F] [G]   119. [A] [B] [C] [D] [E] [F] [G]
110. [A] [B] [C] [D] [E] [F] [G]   115. [A] [B] [C] [D] [E] [F] [G]   120. [A] [B] [C] [D] [E] [F] [G]

121. [A] [B] [C] [D] [E] [F] [G]   126. [A] [B] [C] [D] [E] [F] [G]   131. [A] [B] [C] [D] [E] [F] [G]
122. [A] [B] [C] [D] [E] [F] [G]   127. [A] [B] [C] [D] [E] [F] [G]   132. [A] [B] [C] [D] [E] [F] [G]
123. [A] [B] [C] [D] [E] [F] [G]   128. [A] [B] [C] [D] [E] [F] [G]   133. [A] [B] [C] [D] [E] [F] [G]
124. [A] [B] [C] [D] [E] [F] [G]   129. [A] [B] [C] [D] [E] [F] [G]   134. [A] [B] [C] [D] [E] [F] [G]
125. [A] [B] [C] [D] [E] [F] [G]   130. [A] [B] [C] [D] [E] [F] [G]   135. [A] [B] [C] [D] [E] [F] [G]

136. [A] [B] [C] [D] [A] [B] [C] [D] 141. [A] [B] [C] [D] [A] [B] [C] [D] 146. [A] [B] [C] [D] [A] [B] [C] [D]
137. [A] [B] [C] [D] [A] [B] [C] [D] 142. [A] [B] [C] [D] [A] [B] [C] [D] 147. [A] [B] [C] [D] [A] [B] [C] [D]
138. [A] [B] [C] [D] [A] [B] [C] [D] 143. [A] [B] [C] [D] [A] [B] [C] [D] 148. [A] [B] [C] [D] [A] [B] [C] [D]
139. [A] [B] [C] [D] [A] [B] [C] [D] 144. [A] [B] [C] [D] [A] [B] [C] [D] 149. [A] [B] [C] [D] [A] [B] [C] [D]
140. [A] [B] [C] [D] [A] [B] [C] [D] 145. [A] [B] [C] [D] [A] [B] [C] [D] 150. [A] [B] [C] [D] [A] [B] [C] [D]

（注意：本答题卡仅供考生填涂练习之用。）

《国际中文教师证书》考试仿真预测试卷

(第三辑)
(第二版)

答案与解析

目 录

仿真预测试卷一/ 1
    第一部分/ 1
    第二部分/ 6

仿真预测试卷二/ 13
    第一部分/ 13
    第二部分/ 19

仿真预测试卷三/ 25
    第一部分/ 25
    第二部分/ 32

仿真预测试卷一

第一部分

1—5. B G E F C

此题考查的是发音的全面描写。

[p] [pʰ] 的共同点是都是双唇音，[m] [n] [ŋ] 的共同点是都是鼻音，[k] [kʰ] [x] 的共同点是都是舌面后音，[iaŋ] [iæn] [in] 的共同点是都是齐齿呼，[n] [l] 的共同点是都是舌尖中音。

6. C

此题考查的是对"给"的义项的理解。

文中"给"出现了3个义项：衣服都叫雨水给湿透了（助词，用在某些动词前面，用以加强语气）；发现屋子给弄得乱七八糟（介词，被，表示遭受）；可他却给我一杯热茶（动词，使对方得到某些东西）。

7. A

此题考查的是对兼语句的理解和把握。

"妈妈让我赶紧回家"中的"让"有使令意义，能引起一定的结果。述宾短语"让我"的宾语"我"兼作主谓短语"我回家"的主语。

8. B

此题考查的是多音字"给"的读音。

"给"有 gěi 和 jǐ 两种读音，除了 gěi 还有一种。

9—12. B C D A

此题考查的是汉字的造字法。

象形就是通过描绘事物形状表示字义的造字法；会意是用两个或几个字符合成一个字，把这些字符的意义合成新字的意义；指事就是用象征性符号或在象形字上加提示符号来表示字义的造字法；形声是由表示字义类属的部件和表示字音的部件组成新字。选项中的字的造字方法分别是：

鱼：象形；典：会意；朱：指事；征：形声。

13. B

此题考查的是汉字的形体。

金文指铸刻在青铜器上的铭文，笔道肥粗，团块多；小篆形体均匀齐整，笔画粗细一致，转折处多圆弧状；隶书整体扁方形，左右分展；楷书由隶书演变而来，形体方正，笔画平直。

14. B

此题考查的是对"典"的义项的理解。

引经据典、三坟五典、枕典席文的"典"是典籍的意思，典则俊雅的"典"是典雅庄重的意思。

15. C

此题考查的是汉字的读音。

鱼目混珠（hùn），数典忘祖（shǔ），螽（zhōng）斯之征，故只有施朱傅粉的注音全部正确。

16. A

此题考查的是对语义关系的理解。

递进：后面分句的意思比前面分句进了一层；让步：先退一步说，然后转入正意；假设：两个分句间是一种假定的条件与结果的关系；转折：后一分句的意思与前一分句相反或相对。"不仅……还会……"体现的是递进关系。

17. D

此题考查的是对"呢"的表达作用的理解。

小丑鱼不仅不怕海葵触手的毒，还会受到海葵的无私帮助呢（用在陈述句末，表示对事实的确认或强调）；现在呢，跟过去大不一样了（用在句中表停顿）；我学习呢（用在陈述句末，表示动作或情况正在进行）；这种事怎么能往外说呢（用在反问句末，加强反问）；不光是你，我也要努力呢（用在陈述句末，表示对事实的确认或强调）。

18. C

此题考查的是"叫"的语法功能。

"为避免友军叫毒刺误伤"中的"叫"表示"被"，是介词，引进施事。

19. D

此题考查的是"落"的意义。

"落荒"意思是离开大路，向荒野逃去。

20. A

此题考查的是对反问句的掌握。

"不是……吗"，用疑问的形式表达确定的意思，以加重语气，是反问句。

21. C

此题考查的是短语的结构。

"知恩图报"由"知恩""图报"两个述宾结构并列而成，与"吞云吐雾"一致。"春暖花开""胆大心细"是由两个主谓结构并列而成。"分析研究"由两个动词并列而成。

22. C

此题考查的是修辞。

文章把海葵和小丑鱼人格化，将本来不具备人的动作和感情的动物当成人，赋予其人的动作和感情，所以是拟人。

23. A

> 此题考查的是对连动句的掌握。
>
> "去图书馆"和"看书"两个动词短语连用,共用一个主语"我";"看书"是"去图书馆"的目的。

24. C

> 此题考查的是对语义关系的掌握。
>
> 从"本来……可是……"可以看出是转折关系,"可是"是转折连词。

25. D

> 此题考查的是课文拓展话题的选择。
>
> 对话讲的是校园里选课的事情,故最适合的拓展话题应该是学习生活,其他选项与对话内容距离较大。

26. B

> 此题考查的是合成词的构词方式。
>
> "吃力"是述宾式,B项"管家、美容、失业"三个词都是述宾式。A项三词均为联合式;C项中"说服"是述补式,"热心"是偏正式,"劳苦"是联合式;D项中"蚕食""心酸"是主谓式,"提高"是述补式。

27. A

> 此题考查的是对成语的理解。
>
> "急于求成"的意思是不顾一切急着要取得成功,含贬义;"揠苗助长"比喻违反事物发展的客观规律,急于求成,反而把事情弄糟。

28. D

> 此题考查的是"都"的用法和意义。
>
> 我找了很长时间了都没找到(也);你的话并不都对(表示全部包括在内);茶都凉了,赶快喝吧(表示已经);中午比早晨都冷(用来加强语气,表示某事物极端的、异常的或不大可能有的情况);现在做什么都没意义(也)。

29. B

> 此题考查的是"也"的用法和意义。
>
> "着急也没有用"和"即使失败十次,他也不灰心"中的"也"都是表示让步;"她会打篮球,也会打网球"和"放弃时间的人,时间也放弃他"两句中的"也"表示两事并列或对等;"连老人也干活儿"中的"也"表示强调。

30. A

> 此题考查的是构词方式。
>
> "火车、故事"都是偏正式;"告诉"是联合式,"门口"是偏正式;"没有"是偏正式,"进去"是述补式;"开会"是述宾式,"同学"是偏正式。

31. B

　　此题考查的是"不"的变调。

　　"找不到"中的"不"应该是轻声，不客气（35），开不开（轻声），不习惯（51），我不要（35）。

32. D

　　此题考查的是对双宾句的掌握。

　　动词之后先后出现近宾语、远宾语两层宾语的句子叫双宾句。"给了我这么多的帮助"中的"我"和"帮助"是"给"的两个宾语。

33. B

　　此题考查的是"就是"的意义和用法。

　　这几天，不是刮风，就是下雨（连词，非此即彼）；别人都来了，就是小明还没来（副词，用在名词、动词或词组前面，表示某种确定的范围，排斥其他，相当于"仅""只有"），与句（1）用法相同；就是在日常生活中也要有一定的科学知识（连词，即使）；我一定完成任务，你放心就是了（语气词）。

34. B

　　此题考查的是对连动句的掌握。

　　"低着头沉思"是两个动词短语连用，前一动作"低着头"表示后一动作"沉思"的方式。

35. A

　　此题考查的是辞格。

　　移就：移物于人。把描写事物的词语有意识地移用来描写人。"铁青色"本是用来写物的，这里用来写人的心情"苦闷和失望"。

36. D

　　此题考查的是"出来"的意义。

　　我的眼泪也一下子流了出来（从里面到外面）；答案已经讨论出来了（表示有了结果）；他的嗓子练出来了（表示动作使人或物在某一方面获得了某种好的能力或性能）；晚会上，不少名演员都出来了（公开露面）；水满了就会溢出来（从里面到外面）。

37. A

　　此题考查的是对"去"的义项的理解。

　　谁知道他的去处（离开所在的地方到别处；由自己一方到另一方，与"来"相对）；冰镇西瓜真可谓去暑佳品（消除）；他去男主角（扮演）；我教你怎么给水果去皮（除掉、减掉）。

38. C

　　此题考查的是必读轻声音节的判断。

　　后缀"子""头"和"们"等必读轻声，所以"他们"的"们"要读轻声。

39. A

此题考查文化适应假说的提出者。

20世纪70年代美国学者Schumann提出了文化适应假说。

40. D

此题考查文化适应假说中"心理距离"的构成因素。

Schumann认为文化适应取决于社会距离和心理距离两个因素。社会距离包括社会主导模式、融入策略、封闭程度、凝聚程度、群体大小、态度、打算居住的时间长短等因素，心理距离包括语言休克、文化休克、学习动机和语言疆界渗透性四项因素。

41. B

此题考查对文化适应假说具体内容的掌握和理解。

在文化适应假说中，Schumann通过社会距离和心理距离来分析和阐述文化适应程度。他认为：第二语言学习者群体的文化与目的语群体文化的相似度越高越有利于习得；第二语言习得群体内部封闭程度越低越有利于第二语言习得；习得时间越长，学习者的语言疆界会被慢慢建立起来，形成一道屏障，语言疆界渗透性越强，越有利于学习者接受语言输入。

42. B

此题考查对偏误分析理论基础的掌握。

偏误分析的理论基础分为心理学基础和语言学基础，其心理学基础是认知理论，语言学基础是乔姆斯基的普遍语法理论。

43. A

此题考查对偏误分析学科建立标志的掌握。

在第二语言习得研究领域，学者们大多把Corder的 *The Significance of Learner's Errors* 看作偏误分析学科建立的标志。

44. D

此题考查对语音偏误来源的分析能力。

韩国人学习汉语时受母语的干扰，容易将声母p和声母f相混淆，把f音发成p音，这在韩国学生中比较突出，因为在韩语里没有f音，所以f音对他们来说很陌生，很容易用发音相近的p音代替f音。

45. B

此题考查对"偏误"和"失误"区分的掌握。

偏误是对正确的语言规律的偏离，反映说话人的语言能力，是语言习得的内在因素所造成的。失误是指偶然产生的口误或笔误，不反映说话人的语言能力，是外在的因素造成的。

46. D

此题考查对偏误分析的评价的掌握。

研究发现，学习者对于觉得困难的语言项目会采取回避策略，但由于偏误分析关注的是偏误，因此无法采集到被学习者"回避"的语言项目的使用情况。

47—48. B C

47至48题考查的是五度标记法。

35是阳平，214是上声。

49. C

此题考查的是上声的变调。

三个上声相连，前两个上声的变调视词语内部的语义停顿而定，可分为两种：(1) 双单格：(214+214)+214→35+35+314（展览馆、手写体）；(2) 单双格：214+(214+214)→21+35+214（纸老虎、有理想）。

50. D

此题考查的是上声的变调。

上声在轻声音节前有两种变调规则：214+轻声→35+轻声：想想、打手、哪里、捧起、找找；214+轻声→21+轻声：耳朵、马虎、指甲。

第二部分

51. B

此题考查课堂教学环节。

课堂教学环节一般包括：组织教学，复习检查，讲练新内容（导入、讲解、操练），巩固新内容和布置课外作业。对上节课所学的内容进行听写、检查都属于复习检查这一教学环节。

52. B

此题考查存在句的结构特点。

本节课的教学内容都是围绕存在句进行的，并且总结了存在句的结构：处所+动词+着+数量+名词。

53. B

此题考查语法教学的方法。

归纳法又叫例规法，指先呈现规则的若干例证，让学习者从例证中概括出一般结论的教学方法。本节课老师先举了很多存在句的例子，然后根据例子带领学生总结出存在句的使用规则，运用了归纳法。

54. C

此题考查对偏误类型的理解和掌握。

按照偏误的具体表现形式，把偏误分为添加、遗漏、误代和错序四类。添加指的是在语句中增添了不必要的成分。句子"在食堂外边有一辆车"的偏误在于在表示处所的词语前面增添了介词"在"，属于添加。

55. D

此题考查对语法点处理顺序的掌握。

第（3）步，提问并引导学生说出句子，板书，是展示；第（4）步，对这些句子进行分析并板书语法点结构是解释和归纳；第（5）步，完成相关语法练习是操练。

56. B

此题考查口语课的教学步骤。

材料展示了口语课课文处理的一般过程：播放录音、领读课文、教师提问、对话练习、表演展示。这符合感知、理解、巩固、运用的一般顺序。

57. A

此题考查课堂教学类型。

本节课重在口语表达练习，是口语课课堂教学活动。

58. D

此题考查对课文内容的理解。

根据材料可知，课文设置的主要内容是教会学生如何在购物时询问价格。

59. C

此题考查能愿动词"要"的语法特征。

能愿动词"要"不能用在名词前，不能带助词"了、着、过"和数量补语。C是动词"要"的语法特征。

60. A

此题考查对初级阶段口语课的训练内容的掌握。

本节课为初级口语课。初级阶段口语课以单项训练为主，其训练过程的顺序为语音—词—语句—语段。中级阶段口语课的训练目标是增强成段表达和交际训练的比重。在高级阶段，口语课以综合训练为主，突出句群和语段的表达，同时加强话题提出、扩展和结束的训练。

61. C

此题考查课后作业的布置。

本节课是口语课，主要教学生如何进行购物，为了让学生学以致用，课后作业最好是让学生进行一次真实的购物活动练习。B更适合课堂练习。

62. C

此题考查对材料内容的理解情况。

材料中把学习者易混淆的"f、h"这两个声母进行对比听辨、模仿和认读练习，主要目的是让学生在对比中分辨这两个音。

63. C

此题考查声母辨正问题。

声母f是唇齿音、清音、擦音，声母h是舌面后音、清音、擦音，两者主要区别是f是唇齿音，h是舌面后音，因此是唇齿音和舌面后音的混淆。

64. D

  此题考查在语音教学阶段对待学习者偏误的态度。

  在语音学习阶段，为了使学生掌握正确的发音，纠音是非常重要的一个环节，要严格要求，重点纠音，尽量让学生自己纠正和反复纠正。

  答题思路与技巧：四个选项中，三个选项的意思相近，另一个意思相反，且过于绝对化，这样的说法一般是错的。

65. A

  此题考查对语音教学原则的掌握。

  语音是靠练学会的，要反复模仿、反复练习。但只靠盲目的练习也不行，这就要求教师能针对学生错误的原因，从发音部位、发音方法方面给予一定的理论指导。因此，语音教学应以模仿和练习为主，语音知识讲解为辅。

66. B

  此题考查课堂教学模式。

  本节课的教学过程是根据 Jane Willis 的任务型教学模式设计的，分任务前、任务环、语言聚焦三个阶段。任务前阶段：介绍主题和任务；任务环阶段：执行、计划和报告；语言聚焦阶段：分析与练习。因此本材料属于任务型教学法。

67. A

  此题考查在任务型教学法的教学过程中教师扮演的角色。

  在执行阶段，学生是语言交际的主体，学生做任务时，教师在教室里巡视和监督学生的表现，确保学生按要求完成任务，是监督者。在报告阶段，教师是评价者，评价各组任务的完成情况，并及时予以一定的鼓励。

68. A

  此题考查 Jane Willis 的任务型教学模式。

  在任务型语言教学中，英国语言学家 Jane Willis 的任务型教学模式最具代表性，1996年在她的专著 *A Framework for Task-based Learning* 中设计了任务型课堂教学的三个步骤：任务前（pre-task）、任务环（task cycle）和语言聚焦（language focus）。

69. D

  此题考查任务型教学法课堂教学过程中语言练习的设置。

  这一环节的主要目的是让学生通过各种练习或活动来巩固语言分析阶段的词汇、短语，同时加以实际应用，而不是仅仅让学生学会词汇和短语的正确发音。

70. C

  此题考查对课堂教学组织管理技巧的掌握。

  针对内向学生不愿意参加课堂任务的情况，老师要采取恰当的做法帮助他、鼓励他、引导他积极参加活动，而不应该批评他，也不应该把他排除在活动之外。

71. C

　　此题考查的是课堂情况的处理。

　　在教授过程中，如遇到自己不确定的字词或知识点，一定要查阅、确认之后再告诉学生正确答案，不能凭自己的感觉或猜测来应付学生；老师也会有犯错的时候，所以老师还要教学生学会怀疑，告诉学生老师的话也可能会出错，遇到有疑问的地方一定要提出来，大家一起求证，鼓励大家发现问题、解决问题；中国老师确实有一定优势，但目前中国老师的水平也是参差不齐。

72. B

　　此题考查的是教学计划的制订。

　　在制订教学计划时，不仅要考虑汉语知识的编排，还要考虑文化因素，要尊重当地的宗教信仰和风俗习惯，尽量避免触犯当地禁忌的教学内容。在文化碰撞的问题上要本着"求同存异"的原则。

73. B

　　此题考查的是教学情况的处理。

　　老师遇到学生很难掌握某一知识点的情况时必须要以积极的态度面对问题，不能消极回避；老师教学生掌握一门语言，就要教会学生用该语言的思维进行思考，否则，学生永远也不可能真正地掌握该语言。

74. B

　　此题考查教师如何处理与学生之间的关系。

　　国际中文教学，首先是一个跨文化交际的行为，为了有效沟通，教师必须对最基本的教学环境有深入了解，理解学生的文化、生活背景，所以应当认真地向当地老师学习他们对待学生的方式。需要注意的是，宗教活动要慎重参加。

75. D

　　此题考查的是中介文化行为。

　　"年"前边不需要量词，但学习者学了"一个月""一个星期"后，因为"年"也是时间单位，想当然地就在它前面加上了"个"，此处为量词"个"的泛化现象。

76. B

　　此题考查语言测试的种类。

　　语言测试按用途分为学能测试、成绩测试、水平测试和诊断测试。成绩测试又称课程测试，是一门课程或课型的测试，学校的期中考试属于这一类。

77. C

　　此题考查试卷结构和试题题型。

　　材料中（1）的题型是将打乱顺序的词语整理成句子，因此这一题的题型是连词成句。

78. A

　　此题考查对语言测试评析标准中后效作用的掌握。

　　语言测试质量评析可以从效度（有效性）、信度（可靠性）、区分性、可行性和后效作用几个方面进行。语言测试的后效作用是指测试可以用来检查教学效果，但同时又不可避免地给教学以影响，起到指挥教学的作用。

79. B

　　此题考查信度和效度的关系。

　　受试者水平越接近，差异越难测量，可靠性越低。语言测试中如果考试内容偏离了测试目的，就不能测出预定要测量的内容，失去了效度，再可靠也没有意义。信度高并不意味着效度一定高，可靠的语法项目不一定能测出受试者的理解能力。

　　答题思路与技巧：A项阐述的是影响信度因素的问题，而非信度和效度的关系问题，故排除A，D项语言表达过于极端，常常是错误的，故排除D。

80. D

　　此题考查的是修改病句的原则及运用。

　　修改病句首先不能改变句子的原义，其次应该尽量维持原句的结构，尽量少改变原句的词语，根据以上原则，句（1）处应该改为：这些朋友都对我的汉语水平进步帮助不少。

81. B

　　此题考查对偏误类型的掌握。

　　Burt和Kiparsky根据偏误的影响范围将偏误分为两类：一类是整体性偏误，这类偏误出现在句子的主要结构上，影响理解和交际，要及时纠正；另一类是局部性偏误，这类偏误出现在句子的个别成分上，不影响理解和交际，无须随时纠正。

　　答题思路与技巧：C、D两项对偏误的分类是从学习者中介语发展阶段的角度来进行的，根据题目要求可直接排除。

82. D

　　此题考查正确对待学生偏误的态度。

　　对偏误的本质要有全面的认识，纠正学生的偏误既不能采取不分青红皂白有错必纠的机械态度，也不能采取能不纠就不纠的过分宽容态度。让一个国家学习好的学生纠正另一个国家学生的偏误，可能会让出错学生产生自卑心理，挫伤学习的积极性。

　　答题思路与技巧：A、B两项表述过于极端，常常是错误的，故可直接排除。

83. C

　　此题考查高等阶段写作能力的要求。

　　按照《国际中文教育中文水平等级标准》，高等阶段应达到的写作能力要求包括：能够手写高等语言量化指标要求书写的汉字，能够正确运用比较丰富的成语、习用语和多种修辞方法，等等。中等阶段应达到的写作能力要求包括：能够使用较长和较为复杂的句式进行语段表达；在规定时间内，完成常见的叙述性、说明性、议论性等语言材料的写作；等等。

84. B

此题考查常用的几种写作文体特点。

材料中所给的作文内容是"对网上交友的看法"，是一篇议论文。A项"介绍电脑的功能"是训练说明文的题目，C项"记一次难忘的旅游经历"是训练记叙文的题目，D项"就一年来的学习情况，写一篇学习总结"是训练应用文的题目。B项"说明手机对人们生活的影响"是训练议论文的题目，与学生目前正在学习和训练的写作文体相符。

85. C

此题考查的是中国古代名著的成书朝代。

《红楼梦》《儒林外史》《聊斋志异》《官场现形记》成书于清代，《封神演义》成书于明代。

86. D

此题考查的是宋代诗人陆游的诗作。

"出师一表真名世，千载谁堪伯仲间"出自陆游的《书愤》；"王师北定中原日，家祭无忘告乃翁"出自陆游的《示儿》；"水满有时观下鹭，草深无处不鸣蛙"出自陆游的《幽居初夏》。"沙场烽火连胡月，海畔云山拥蓟城"出自唐代祖咏的《望蓟门》。

87. C

此题考查的是著名的历史典故。

谢灵运尝曰："天下才有一石，曹子建独占八斗，我得一斗，天下共分一斗。""才高八斗"说的是曹植。

88. B

此题考查的是古代文学常识。

"清新庾开府，俊逸鲍参军"出自杜甫的《春日忆李白》，说的是李白的诗风。

89—93. C A F D B

此题考查的是第二语言教学法的主要流派。

情景法早期称为口语法，是20世纪二三十年代产生于英国的一种以口语能力的培养为基础，强调通过有意义的情景进行目的语基本结构操练的教学法。

著名的美国布朗大学教授 Twaddell 1958年在日本讲学时提出了听说法教学过程的五个阶段：认知、模仿、重复、变换、选择，即"五段学说"。

认知法主张在第二语言教学中发挥学习者智力的作用，强调学习是大脑抽象思维活动的结果，反对动物型的刺激—反应的学习。

视听法强调在一定的情景中听觉（录音）感知与视觉（图片、影视）感知相结合，教学过程包括语言材料的展示及感知、理解和记忆、练习和运用这三个环节。

交际法又称"功能法"或"意念—功能法"，以语言功能和意念项目为纲、培养在特定的社会语境中运用语言进行交际的能力。

全身反应法强调语言学习行为的协调，通过身体动作教授第二语言，主要用于美国移民儿童的英语教育。

94—97. C F D B

此题考查的是中国古代著名的书画作品。

94是王羲之的《兰亭集序》，95是阎立本的《步辇图》，96是颜真卿的《多宝塔碑》，97是顾恺之的《洛神赋图》。

98. C

此题考查的是传统节日。

重阳节是我国传统的敬老节日。每年9月的第三个星期一，是日本传统的敬老日，各地在敬老日开展各种群众性敬老活动。

99. C

此题考查的是传统节日饮食。

重阳节有吃重阳糕的习俗，重阳糕又称花糕、菊糕、五色糕。

100. C

此题考查的是对中国古代诗作的理解。

"疏影横斜水清浅，暗香浮动月黄昏"出自宋代林逋的《山园小梅·其一》，写的是梅花。"西风门径含香在，除却陶家到我家"出自明代沈周的《菊》。"宁可抱香枝上老，不随黄叶舞秋风"出自宋代朱淑真的《黄花》。"轻肌弱骨散幽葩，真是青裙两髻丫"出自宋代苏轼的《赵昌四季·寒菊》。

说明： 第三部分"综合素质"为情境判断题，考查考生的个人态度倾向，没有统一的标准答案。

仿真预测试卷二

第一部分

1. D

    此题考查/a/的音位变体。

    句（1）中共有五个字的韵母含/a/，分别是"断""肠""在""天"和"涯"。"断""在"的音位变体是［a］，"肠"的音位变体是［ɑ］，"天"的音位变体是［æ］，"涯"的音位变体是［A］，所以一共出现了音位/a/的4个变体。

2. A

    此题考查汉字的结构模式。

    按照层次分析法分析出的合体字基本结构模式有三大类：左右结构、上下结构、包围结构。还有一些从基本结构变化出来的派生结构：左中右结构、上中下结构、品字结构、对称结构、半包围结构等。"藤"字属于上下结构，上部为"艹"，下部为"滕"。

3. B

    此题考查造字法。

    选项中的字造字法分别是："马"象形，"昏"会意；"藤"形声，"鸦"形声；"小"象形，"家"会意；"断"会意，"涯"形声。造字法主要包括象形、指事、会意、形声等。象形：用线条描画出事物的形象，其字形与字义联系比较具体、紧密。指事：用抽象符号来指示字义。会意：用两个或几个字符组合出字义。形声：由形旁与声旁组成，形旁表示大致的字义或字义的类属，声旁揭示字的读音。

4. D

    此题考查音节的结构。

    "藤""桥""昏""鸦""肠"的音节结构如下表：

例字	声母	韵母		
		韵头	韵腹	韵尾
藤	t		e	ng
桥	q	i	a	o
昏	h	u	e	n
鸦		i	a	
肠	ch		a	ng

5. B

　　此题考查"下"的词性。

　　"下"主要有三种词性。作名词时，可表示下面，位置在下，也可表示身份、地位低；作动词时，可表示下来；作量词时，可表示动作的次数。

6. D

　　此题考查"道"的义项。

　　A、B、C中的"道"都表示道理、事理；D中的"道"表示技术、技艺。

7. B

　　此题考查声母的发音方法。

　　"在"的声母 z［ts］的发音方法是舌尖前、不送气、清、塞擦音。

8. C

　　此题考查"不"的读音。

　　"不"在第一、二、三声前读四声，在第四声前读二声。

9. D

　　此题考查构词法。

　　"行动"是联合式复合词，"微笑"是偏正式复合词，"革命"是述宾式复合词，"削弱"是述补式复合词，"研究"是联合式复合词。

10. C

　　此题考查双音字。

　　"强"一共有三种读音，分别是："qiáng"，强大；"qiǎng"，勉强；"jiàng"，倔强。

11. D

　　此题考查汉字的笔顺。

　　"将"的笔顺是：点、提、竖、撇、横撇、点、横、竖钩、点。

12. A

　　此题考查复句知识。

　　条件复句中分句之间是条件和结果的关系。常用的关联词语有"只要……就"等。此题句（1）符合条件复句的标准，所以应选A。

13—17. C A D E B

　　第13到17题考查多义词的义项。

　　"情况有变化"中的"有"表示发生、出现；"有问题"中的"有"表示存在；"水有一丈多深"中的"有"表示估量或比较；"有学问"中的"有"表示领有的东西多；"他有一本书"中的"有"表示领有。

18—22. C A D B G

　　第18到22题考查汉语词语的构词法。

　　18题为派生词。派生词是由词根和词缀组合而成的词。前缀派生词由前缀加词根组合而成。题目中的"老""阿"均为前缀。

19 题为联绵词。指古汉语流传下来的，由两个音节连缀成义，不能拆开的词。

20 题为缩略词。为了称说方便，将事物称谓中的成分进行有规律的节缩而形成的词叫缩略词。

21 题为音译词。用音译的方式直接从外语引进的外来词叫音译词。

22 题为重叠词。重叠词指词根重叠而成的词。

23. B

此题考查的是句式系统。

连动句是用连动短语充当谓语的句子，或者是由连动短语直接构成的句子。存现句是表示人或事物存在、出现或消失的句子。非主谓句指的是由单个词或者主谓短语构成的单句。数量宾语句指的是宾语为数量短语的句子。

句（1）意思是说叶子中间有白花。

24. C

此题考查的是修辞手法。

用与本体本质不同但有相似性的喻体来描写或说明本体，从而更形象、生动地表现本体的特征或作用，这种辞格叫比喻。

运用联想，直接将本体当作拟体进行描写或陈述，从而体现表达者的喜爱或憎恨的情感态度，这种辞格叫比拟。

把不同感官的感觉沟通起来，借联想引起感觉转移，以一种感觉写另一种感觉的修辞方式叫通感。

不用事物本来的名称，而是用与它相关的别的事物的名称去代替，称为借代。

25. C

此题考查词汇来源系统。

"湖泊、天空、收割"同"闪电"一样，都属于传承词，指历史上很早就有，一直沿用的词；"楼花"属于社区词，指只在某一社区流通，反映该社区政治、经济、文化的词语。

26. D

此题考查补语类型。

"买得到"是可能补语，表示有买到的可能性。

27. A

此题考查"就"的意义及用法。

句（2）中的"就"表示承接上文，得出结论前后是假设关系。A 项中的"就"与句（2）的用法相同。B 项中的"就"表示两件事情紧接着发生，前后是承接关系。C 项中的"就"强调数量少，只，仅仅。D 项中的"就"表示两件事情紧接着发生，前后是条件关系。

28. B

此题考查的是主谓谓语句的类型。

主谓谓语句分受事性主谓谓语句、领属性主谓谓语句、关涉性主谓谓语句和周遍性主谓谓语句。本句大主语和小主语之间为领属关系。因此本句为领属性主谓谓语句。

29. D

此题考查"的"的意义和用法。

"我应该提前想到的"中"的"是语气词,单独附着于句尾,有加重肯定语气的作用。"我买了两张十一排的"中"的"为结构助词,附加在实词或短语后,构成"的"字短语,其语法功能相当于名词。

30. C

此题考查对语法练习类型的理解。

语法练习的形式有机械性练习、有意义练习和交际性练习等。题干中教师的练习方式是让学生们在交际对话中学会应用,属于交际性练习。

31. A

此题考查对会话主体——话语部分的形式的掌握。

话语部分的形式主要有话轮、话对、话段三种。会话说话的参与者各方不断互换角色轮番说话的过程,每一个参与者一次连续说的话,就是一个话轮。因此,该材料共有14个话轮。故选A。

32. D

此题考查借代的辞格。

根据代体与本体的关系,借代主要有六种常见的类型。即:特征借代、成分借代、地名借代、作者借代、品牌借代、材料借代。"龙井"本为杭州一种著名茶叶的出产地名,后用于指称这种茶叶,因此,属于用与本体(多为商品)相关的地名指称本体,是地名借代。

33. C

此题考查动词性谓语句的基本句型。

此句属于连动句。"骑车去图书城"为连动短语。连动短语充当谓语或独立成句的句子叫连动句。

34. D

此题考查"还"的意义和用法。

句(2)中"还"表示抑的语气,表将事情往小里、低里、轻里说,A、B、C项均表示此意。而D项中"还"表示平和的语气,不含轻重抑扬的意思,表动作或状态持续不变,仍然。

35. A

此题考查"开"的意义和用法。

句(3)中"开"表示事物随动作展开,没有宾语时,"开"有时可以换成"开来",意义不变。B、C项中"开"比喻清楚、开阔,只和"想、说、看"等少数动词连用。D项中"开"表示动作开始,兼有放开,不受束缚之意。

36. D

此题考查汉语复合词的构词类型。

"说服"是述补式复合词。

A. "动员":述宾式复合词,前后词根之间是支配和被支配的关系。
B. "过瘾":述宾式复合词,前后词根之间是支配和被支配的关系。
C. "年轻":主谓式复合词,前后词根之间是陈述和被陈述的关系。
D. "压缩":述补式复合词,后面一个词根补充说明前面一个动词性词根。

37. C

此题考查"都"的意义。

句(5)中"都"表总括全部,所总括的对象前可以用连词"不管、无论、不论"。A项中"都"为副词,表示甚至的意思。B项中"都"为副词,用于表示让步的小句,引出表示主要意思的小句。D项中"都"表已经,表达了一种强调的语气,强调某种情况不是一般的情况。故选C,C项中"都"的意义与句(5)中"都"的意义一致。

38. D

此题考查的是对复句类型的掌握。

句(6)前半句是姑且承认某种客观事实作为让步,后续分句提出的结果却是与前一句形成转折义的。因此,该复句所蕴含的语义关系是转折。

39. A

此题考查的是Practor的难度等级模式。

Practor的难度等级模式内容为:

零级:母语和目的语相同的成分,易产生正迁移。

一级:母语中的两个语言项目在目的语中合成一个语言项目。

二级:母语中的一个语言项目在目的语中不存在,会产生介入性干扰,学习者要避免使用。

三级:母语与目的语的相同项在形式、分布和使用上有差别,学习者需要重新习得。

四级:目的语中的一个语言项目在母语中不存在,对学习者产生阻碍性干扰。

五级:母语中的一个语言项目变成目的语中的两个或两个以上的项目,学习者需要重新区分。

40. A

此题考查的是对比分析的发展阶段。

Lado的《跨文化语言学》标志着经典对比分析理论的诞生。其学说也使得对比分析在学界产生了巨大的影响。

41. D

此题考查 Oller 和 Ziahosseiny 于 1970 年提出的"折中假设"。

该假设认为对两种语言的具体的、抽象的语言模式进行分类才应该是学习的基础，认为第二语言学习中最大的困难存在于两种语言之间和各语言内部的细微差别并且强调了人类认知模式的实质为人容易忽略细枝末节。而 D 选项是"强假设"所提出的观点，即认为外语学习的困难产生完全是两种语言之间的差异造成的。

42. B

此题考查对对比分析内容的了解。

对比分析理论认为，外语学习者学习的障碍主要来自母语的干扰。

43. D

此题考查对比分析的发展。

对比分析的发展体现在三个方面，即：发现"回避"现象、提出"相似等级"、指出干扰是学习者的学习策略。而 D 项是对比分析在改进与发展时期改进的主要标志。

44. B

此题考查中介语的特点。

中介语存在一定的偏误，但是并非所有的偏误都是错误的，正确成分随着学习的进展不断扩大。

45. D

此题考查 Nemser 提出的"近似系统"。

Nemser 认为学习者的近似系统是一个内部结构化的系统，有其自身内在的规律性和系统性。学习者的言语正是近似系统在特定时间的"定型产物"。他列举了三种定型产物：移民语言、个体方言、学习者的洋泾浜。

46. A

此题考查 Selinker 的五个"中心过程"。

Selinker 用五个"中心过程"来描述"潜在的心理结构"：语言迁移、训练造成的迁移、目的语语言材料的泛化、第二语言学习策略以及第二语言交际策略。其中前三个过程是中介语产生的直接因素，而后两个过程则属于另一种类型的心理过程，Selinker 称之为"策略"。

47. B

此题考查第二语言学习者自身的语言变异类型。

可分为系统变异和非系统变异（也称自由变异）两大类。系统变异是外部因素与上下文语境、情景语境及心理语言语境相互作用的结果。Tarone 提出了第二语言学习者"中介语风格连续体"，学习者的中介语根据情景语境的需要在不同语体之间移动变换。这个连续体表明，学习者语言变异受言语交际情境的制约。因此答案为 B。

48. D

此题考查调值。

画线部分（1）中的"宁"读第四声，调值为"51"。

49. A

此题考查辞格。

画线部分（1）"宁吃仙桃一口，不吃烂杏一筐"运用的是比喻和对偶的辞格。将文章好的部分比成仙桃，而冗杂无味的部分比成烂杏。这两句话结构相同，字数相等，意义上密切相关，为对偶的辞格。

50. C

此题考查熟语系统。

现代汉语的熟语系统主要包括成语、谚语、惯用语和歇后语，惯用语是口语中形成的表达一种习惯含义的固定短语。画线部分（2）"眉毛胡子一把抓"属于惯用语。

第二部分

51—55. C A B E D

第51—55题考查词语辨析的方法。

辨析词语的方法主要有：从意义角度进行辨析，如语义范围、语义侧重点、语义轻重、感情色彩、语体色彩；从用法角度进行辨析，如区分词性、搭配组合、组句能力等。

56—60. A B D D C

56题考查教师对于教材难易程度与学生学习阶段关系的了解程度。

此题中出现的词汇以及对话都是日常生活中常见的，有可能是学生学习汉语之前已经做过的事情，所以课文内容较为简单，适合初级阶段的学生学习。

57题考查教师确定主要语法点的能力。

课文中"去图书馆借两本书看看""去体育馆打乒乓球""回家拿个东西"等短语体现出连动句是重要的语法点。

58题考查汉语口语课的话题导入。

话题导入的目的在于引起学生对本课所学话题的关注。所提问题应该与本课内容密切相关，先让学生就此话题回答一些问题、做简单的对话或成段表达。题目中的四个表述，D项是最合适的，因为它和新课内容紧密相关，而且话题也很开放，回答问题趋向于用"去什么地方做什么事"的句式，引出了连动句的语法点。

59题考查口语成段表达练习方式。

成段表达练习的着眼点是培养学生组句成段和组段成篇的能力。A项"看图说话",教师可利用插图、照片、漫画等让学生就此进行某一话题的成段表达。B项"复述短文",教师可给出关键词,让学生通过添加连接词、关联词等手段,使句与句之间衔接自然。C项"连句成段"是成段表达训练中比较容易的练习方式,学习者只需要根据逻辑关系将句子完整地拼合成段。D项"给情境造句"就是用指定的词语叙述情境或将对话补充完整,这并不是成段表达训练的方式,而是句子训练的方式。

60题考查对课文难度和词汇难度的认知。

"图书馆"是留学生日常生活中接触较多的词,不需要进行特别注释。

61—65. E D B C A

第61—65题考查加涅的学习结果分类。

加涅的学习结果分类包括:

①言语信息:如知道什么是三角形。

②智慧技能:会运用信息做事情。分为:

辨别:区分事物差异的能力,如能辨别三角形和非三角形;

定义性概念:识别同类抽象事物分类的能力。如$\pi=c/d$,即圆周率是圆的周长及其直径之比,据此识别不同的圆的圆周率是相同的;

规则:当原理或定律指导人的行为,按原理或定律办事时,原理或定律变成了规则,如利用公式$c=2\pi r$求周长;

高级规则:由若干简单规则组合而成的新规则,如$(a+b)(a-b)=a^2-b^2$。

③认知策略:运用好的方法指导自己的学习,提高效率。

④动作技能:身体做动作的能力。

⑤态度:对人、对事、对物、对己的反映倾向,如对小白兔和大灰狼的态度。

前四种属于能力范畴,第五种即态度,属于情感领域。

66. D

此题考查根据课文内容判断知识目标。

存现句是表示人或事物存在、出现或消失的句子。它的基本格式是"处所词+存现动词+事物"。该课文中出现了较多的存现句,所以知识目标是通过学习课文使学生掌握存现句的语义特征和用法。

67. D

此题考查静态存在句与动态存在句的区别。

静态存在句中的动词不表示实在的动作,或者不表示动作的进行,只表示存在的方式,后面所跟的"着"表示状态的持续;动态存在句中的动词表示正在进行的动作,后面所跟的"着"表示动作的进行时态。课文中的句子与选项D都属于静态存在句。

68. C

　　此题考查词汇难度等级。

　　按照《国际中文教育中文水平等级标准》，"特色"属于三级词汇。

69. B

　　此题考查成语的构词方式。

　　"文房四宝"和"近水楼台"都是属于偏正关系的成语。

70. D

　　此题考查课堂问题的应对。

　　当学生们对一种方法感到枯燥时，可以适当调整教学方式提高学生的兴趣。

71. C

　　此题考查根据课堂活动内容判断学习阶段。

　　小学阶段的学生对周围充满好奇，动植物类是他们想了解的主要事物；植物是具体词汇，而且在生活中也经常会遇到，属于基础性、较容易掌握的初级知识。用佩戴植物饰品、做"植物蹲"活动等方式教植物名词，更适合低龄学习者。

72. C

　　此题考查课堂教学的地位和作用。

　　对外汉语教学的基本方式和中心环节是课堂教学，教学过程的感知、理解、巩固、运用阶段主要在课堂教学中完成。

73. C

　　此题考查第二语言教学方法。

　　全身反应法倡导把语言和行为联系在一起，通过身体动作教授语言，同时强调在真正的情境里进行教学。

74. B

　　此题考查教学环节的划分。

　　第一环节："将植物图片……加深记忆"；第二环节："让学生佩戴……重复名称"；第三环节："带领学生……相互提问"；第四环节："最后带领……一小段话"。

75. B

　　此题考查练习方式。

　　机械性练习是对没有意义或者学习者尚未理解其意义的材料，依靠机械练习进行掌握的过程。此教学活动中学生还未掌握生词，不理解其意义，但是进行了机械性重复，因此是机械性练习。

76. A

　　此题考查试题类型。

　　例题中给出一段材料，从中找出所需要的信息，属于按要求查找信息。

并非考查词语的理解与运用、作者的意图以及对语段的理解与概括。

77. B

此题考查试题题型。

选词填空——将所给词语填入合适的句子中；连词成句——将所给词语整理成正确的句子。

78. A

此题考查语言测试的信度的影响因素。

影响信度的因素有试题的题量（题量小，偶然性大，信度也就低，题量是影响信度的主要因素）、试题的同质性、试题的区分性、受试者水平的多样性和评分的客观性。A选项，测试目的不明确，会影响测试的效度。

79. D

此题考查区分度的计算以及判断。

A、B、C项的说法均正确。区分度的计算方法是计算每个题目的双列相关系数（应大于0.3）或点双列相关系数（应大于0.25）。故D项有误。

80. C

此题考查的是偏误类型。

Dulay，Burt和Krashen从偏误的具体表现形式角度，对偏误进行了分类：遗漏，在语句中缺少了必要的成分；添加，在语句中增添了不必要的成分；替代，用同义或者近义词或者短语代替应该出现的词语；错序，语序不合乎目的语规则。材料中句（1）正确的说法应该是"他有一双炯炯有神的眼睛"，属于遗漏；句（2）正确的说法应该是"他精神抖擞"，属于添加。

81. B

此题考查写作练习的方法。

学生在学习人物描写时句子衔接问题较为严重，应进行针对性训练。在写作训练时应先以模仿为主，多进行诸如描写、时间叙述等类型的训练，然后进行话题写作。该生在描写人物时，由于总是将零形式照应误用为代词照应，使得句子的衔接不紧密。因此，应多进行此类的练习。最适合作为其课后练习的是B项，即描写最喜欢的动物。

82. D

此题考查语言学习中对偏误的处理方法。

一一分析所有偏误会浪费大部分人的课堂时间，A项错误；只给出正确语言事实而不加以指导，学生很难发现问题，效率低下，B项错误；完全不纠正学生的偏误，学生可能认识不到问题，C项错误。

83. D

此题考查复述型练习的操作方法。

充分利用图解式手段，可引导学生进行思考，锻炼学生思维；利用多媒体动画手段，借助多媒体丰富课堂，可使学生说出的语言最接近自然语言，能反映出学生的欠缺之处；根据表达内容对课文进行合理分解并标注生词，既能帮助学生理解课文内容，又便于学生掌握语言点和重点词语。而 D 项为传统的复述型练习，学生没有新鲜感，且有背诵硬套的可能，仅仅达到了完成任务的基本要求而已。

84. A

此题考查写作训练的方法。

注意题干要求选择适合作为人物外貌和动作描写的材料，因此材料应包含对人物外貌和动作描写的词语。故选 A。

85. D

此题考查佛教的传播史。

佛教传入中国经由两条路线：陆路和海路。史书上所记载的东汉明帝永平十年，印度僧人迦叶摩腾、竺法兰等以白马驮经到达洛阳，是经由陆路而来的。稍后还有安世高和支娄迦谶也是通过这条路线来到内陆的。另一条是海路，禅宗祖师达摩就是经海路到达广州，然后逐渐北上的。

86. B

此题考查佛教的传播史。

鉴真东渡日本，在日本弘扬律宗，为中日文化交流写下光辉的一页，他自己也成为日本律宗的始祖。

87. D

此题考查佛教的传播史。

法显为东晋人。其著作《佛国记》（又名《法显传》），成为中外文化交流史上伟大的著作之一。

88. A

此题考查佛教的传播史。

玄奘于唐贞观三年（629）私出玉门关，取道西域，经葱岭，到达古印度境内，研习讲学，周游印度，历时 19 年，于贞观十九年（645）载誉回国。

89—93. B D F C A

第 89—93 题考查语言测试的类型。

成绩测试又称课程测试，是一门课程或课型的测试，其目的是检查学习者在某一阶段是否掌握了教学大纲和教材所规定的教学内容，在学习上取得什么成果。

分立式测试是对语言要素和言语技能分别进行单项测试，理论基础是结构主义语言学。

常模参照测试是将受试者的个人成绩与集体考试成绩相比较，以决定受试者的成绩在集体中的位置的一种测试。所谓常模，是指同一批受试者掌握该目的语的平均水平。

水平测试又称能力测试，目的在于测量受试者现有的整体的语言实际运用能力，以评定是否达到胜任某项任务的要求。根据语言交际能力的标准或某一特定任务的要求来命题。

学能测试又称潜能测试或性向测试，目的在于了解受试者学习第二语言的潜在能力和素质。

标准参照测试是测定受试者是否达到教学大纲所规定的标准的一种测试。

94—97. F C A D

第94—97题考查历代书法家及其代表作品。

《真草千字文》赵孟頫所作；《肚痛帖》张旭所作；《九成宫醴泉铭》欧阳询所作；《玄秘塔碑》柳公权所作。

98. B

此题考查中国的传统节日。

诗中所描述的为中国传统节日上元节，又称元宵节。

99. D

此题考查中国传统节日美食。

汤圆、元宵和饺子都是该节日的传统美食。南方人吃汤圆，北方人吃元宵。另外，北方有些地区也有吃饺子的习惯，河南人有"十五扁，十六圆"的元宵节习俗传统，"扁"指的就是饺子，所以于正月十五吃饺子。

100. D

此题考查中国传统节日的来源及发展。

未受佛教影响的节日是重阳节。元宵节起源于古代的祭祀遗风，跟天地崇拜有一定的关系。佛教传入中国后，对中国的节俗产生一定的影响，灯节就受到了这种影响。汉明帝为了弘扬佛法，曾下令正月十五夜在宫廷寺院燃灯礼佛。这样，中国的仙佛思想与印度的佛教礼仪结合而成灯节，到唐代以后十分盛行。农历腊月初八是释迦牟尼成道日，腊八节由此典故而来。泼水节是傣族最隆重的节日，也是云南少数民族中影响最大、参加者最多的节日，来自佛教的浴佛节。

说明： 第三部分"综合素质"为情境判断题，考查考生的个人态度倾向，没有统一的标准答案。

仿真预测试卷三

第一部分

1. C

   此题考查 /i/ 的音位变体。

   后两句中共有五个字的韵母含 /i/，分别是"泥""飞""燕""睡""鸳"。"泥"的音位变体是 [i]，"飞"和"睡"的音位变体是 [ɪ]，"燕"和"鸳"的音位变体是 [j]。

2. A

   此题考查汉语的构词法。

   汉语的构词法基本类型包括单纯词和合成词，其中单纯词又分联绵词、口语词、音译词等，合成词又分重叠词、派生词、复合词。联绵词是由两个音节连缀成义而不能分割的词，它有两个字，只是一个语素。从构词法的角度看，"鸳鸯"属于联绵词。

3. C

   此题考查音节的结构。

   "鸟""丽""花""暖""融"的音节结构如下表：

例字	声母	韵母		
		韵头	韵腹	韵尾
鸟	n	i	a	o
丽	l		i	
花	h	u	a	
暖	n	u	a	n
融	r		o	ng

   从上表可以看出，"鸟"与"暖"的韵母，韵头、韵腹、韵尾完整，音节结构一样。

4. B

   此题考查汉字的造字法。

   "象形"是指用线条描画出事物的形象，如"飞、山、燕、鸟、白"等字；"指事"是指在象形字基础上增加指示字义的符号，如"刃"，或用抽象符号来提示字义，如"上"；"会意"是指用两个或几个字符组合出字义，如"涉、析、沙"等字；"形声"是指由形旁与声旁组成，如"江、泥"，左旁的三点水表示与"水"有关，右旁"工、尼"提示读音。选项中的字造字法分别是：

   A. 形声　象形

B. 象形　象形

C. 象形　形声

D. 象形　会意

由此可知 B 选项的"山、燕"都属于象形造字法。

5. A

此题考查国际音标的写法。

"睡"的声母是 sh，对应的国际音标是［ʂ］；韵母是 uei，对应的国际音标是［uei］。

6. C

此题考查汉字的形体演变顺序。

汉字的形体演变顺序是甲骨文、金文、小篆、隶书、草书、楷书和行书。甲骨文图画特征明显；金文丰满、圆浑；小篆结构上更加匀称、整齐，线条略带弧形，粗细一致；隶书变弧形为直线，是扁方形字体，有棱角；草书笔画连贯，牵丝成线；楷书是由点画组成，横平竖直，字形方正；行书介于楷书和草书之间。选项中的字体顺序分别是：

A. 金文—甲骨文—小篆—隶书—楷书

B. 小篆—甲骨文—金文—楷书—隶书

C. 甲骨文—金文—小篆—隶书—楷书

D. 甲骨文—小篆—金文—楷书—隶书

7. D

此题考查修辞格。

"江碧鸟逾白，山青花欲燃"两句是对偶修辞，"江碧"对"山青"，"鸟逾白"对"花欲燃"；"花欲燃"，花开绚烂，简直将要燃烧起来，这是夸张修辞。

8. A

此题考查对音节和语素定义的理解。

汉语中除儿化词外，其他一般都是一个汉字一个音节。"葡萄树"包含三个汉字，是三个音节。"葡萄"是一个音译外来词，它是一个语素，"树"是木本植物的通称，也是一个语素，所以"葡萄树"是两个语素。

9. C

此题考查成语中"半"的意思。

材料中的"半"与 C 项中的"半"意思一样，都是"不完全"的意思，另外"半……不……"常含有不满、不喜欢的意思。而 A、D 两项中的"半"是"二分之一"的意思，B 项中的"半"是"在……中间"的意思。

10. B

此题考查汉语复合词的构词类型。

"收获"是联合式复合词，与 B 项的"选择"构词类型相同，故选 B。

A. 热爱：偏正式复合词。

B. 选择：联合式复合词。

C. 放心：述宾式复合词。

D. 眼花：主谓式复合词。

11. C

此题考查对兼语短语和双宾短语这两种特殊结构的理解。

（4）是兼语短语，"他"既是"让"的宾语，又是"品尝"的主语。A、B、D项都是兼语短语。C项是双宾短语，"他"和"一本书"都是"送"的宾语。

12. B

此题考查现代汉语的句式及其特点。

句（1）是存现句的一种，是"处所词＋动词＋助词/补语＋名词"结构的存现句，表示人或事物的存在和出现。

13. A

此题考查关联词所表达的语义关系。

句（2）中关联词"一……就……"蕴含的是一种承接关系，"看到我家"承接前面的"看见那棵大枣树"。表示递进关系的关联词通常有"不但（不仅）……而且（还、甚至）……"，表示条件关系的关联词语有"只要……就……、只有……才……、不管（无论）……都（也、还）……"，表示并列关系的关联词语有"既……又……、一边……一边……"等。

14. C

此题考查"越……越……"的意义和用法。

画线（3）处与B、C项的"越……越……"，都属于"越a越b"格式，"a、b"为动词或形容词，表示在程度上b随a的变化而变化，并且（3）处与C项"a、b"的主语相同，B项"a、b"的主语不同。另外，A、D两项属于"越来越……"的格式，表示程度随着时间的发展而加深，后面常常跟形容词或心理动词。

15. C

此题考查对课文信息的把握。

课文中主要谈的是城市住房的变化，拓展话题谈城市变化最吻合，并且既训练了口语，也训练了"越……越……"这个语言点。

16. C

此题考查副词"就"的语法功能及意义。

句（1）中的"就"强调在很久以前已经发生，与C项相同。A、D项中的"就"表示确定范围，是"只"的意思。B项中的"就"是"一……就……"的意思，表示两件事紧接着发生。

17. B

此题考查"一切"的词性。

这里"一切"是个代词，指代"联系学校，办各种手续"等瞒着父母做的所有事情。

18. C

此题考查副词"才"的语法意义。

副词"才"在不同的语境中有不同的意思。句（3）指先做别的事情，最后才告诉父母，其中的"才"表示事情发生或结束得晚。"才"表示刚刚，如："你怎么才来就要走？""才"表示数量少，程度低，如："我们班才12个同学。""才"表示加强确定的语气，如："我才不去呢。"

19. B

此题考查反问句的意义及形式。

反问句的意义与形式正好相反，肯定形式强调否定，否定形式强调肯定。反问句包括以下几种形式："不（是）……吗""没＋动词……吗"和用疑问代词反问。而句（4）属于"不（是）……吗"的反问句形式。

20. A

此题考查连词"而"的语法功能及意义。

画线部分（5）中的"而"连接两个并列的形容词，表示互相补充，与A项的"而"相同。B、C、D项的"而"连接形容词、动词、小句，表示转折。

21. A

此题考查对汉语语法项目等级及学生水平的掌握。

简单趋向补语在《国际中文教育中文水平等级标准》中属于三级语法项目，应为初级水平。

22. C

此题考查对汉语教学课型的理解。

材料是对语法知识的讲解操练，属于综合课的内容，而A、B、D项是专项技能课（即说、写、读技能课）。

23. C

此题考查对教学过程的把握。

题干是对几种句式用法的总结，应在讲解之后、练习之前进行。步骤（1）属于导入语法点，步骤（2）是对语法点的讲解与展示，步骤（3）属于巩固练习，所以题干的内容应出现在步骤（2）之后、步骤（3）之前。

24. B

此题考查对教学过程的把握。

在导入新的语法点，并解释、归纳之后，应该进行语法点的操练，然后再进行语法点的扩展或学习新的语法点。所以步骤（1）和步骤（2）之间缺少操练简单趋向补语的基本句式这一步骤。

25. B

此题考查对语法练习类型的理解。

语法练习的形式有机械性练习、有意义练习和交际性练习等。机械性练习指在一定的固定框架内反复做某一练习。材料中的练习方式是将词语按要求连成句子，属于机械性练习。

26. B

此题考查对"是……的"强调句型的掌握。

对话中，"是……的"出现得较频繁，而且本文的上下文语境也多次用到"是……的"句型，因此是重点句型。"是……的"一般对"时间、地点、方式、对象"等具体信息进行强调。因此排除 A、C、D 项。

27. A

此题考查对"了"的语法意义的把握。

汉语中的"了"有两种意义，一种是放在动词的后面，表示动作的完成，是动态助词；一种是放在句子的末尾，表示情况的变化，是语气助词。①中的"了"位于句子的末尾，并且表示由不黑到黑的变化，因此可以判断此"了"是句末语气助词，表示性状的变化。

28. D

此题考查对补语类型的把握。

汉语中的"补语"可能用来说明动作、行为的结果、状态、趋向、数量、时间、处所、可能性或者说明性状的程度、状态等。其中，能加"得"字的有可能补语和状态补语，其他类型的补语一般不能加"得"字。"去了两个星期"表示持续的时间，故为时量补语。动量补语指的是动作的次数。"过得真有意思"，表示的是一种状态，故为状态补语。

29. C

此题考查对"难度等级模式"内容的把握。

"难度等级模式"是由美国语言学家普拉克特从第一语言和目的语差异的角度提出的。该模式将难度分为六级，从零级到五级，级数愈高难度也愈大。沃德霍是社会语言学家，认为"社会语言学是与社会相关的语言研究"。科德提出内在大纲假说，拉多提出对比分析假说。

30. B

此题考查对学习者偏误形成原因的把握。

英语中没有汉语这样复杂的四声的区分，因此以英语为母语的学习者在学习汉语的声调时，由于要接受一个完全陌生的东西，会造成很大的学习困难。这种母语中没有，而目的语中有的干扰叫作阻碍性干扰。介入性干扰指的是第一语言中有而目的语中没有。

31. B

此题考查对汉语和其他语言之间的差别的把握。

韩语和日语的语序是主宾谓，谓语都是放在最后的，因此排除 A、D 项。泰语中，形容词、副词是放在名词后面的，因此排除 C 项。"我下午要去医院和我的朋友""见面另一个朋友"等都带有英语句式的特点。

32. A

此题考查英语为母语的学习者偏误形成的原因。

汉语中"和我的朋友"作为方式状语应该放在动词的前面，但是在英语中一般把方式状语放在述语的后面，学习者受母语的影响，会错把它放在后面。

33. B

此题考查对离合词的理解。

"见面"属于汉语中的离合词，"毕业、道歉、请假"都属于离合词，"买菜"是一个短语。

34. A

此题考查对动词重叠和"一下"语法意义的理解。

动词重叠表示事情比较轻松好做，"一下"也有轻松随意的意思，一般两者不能同时使用，本句用动词的重叠较合适，用"一下"显得过于随意。

35. B

此题考查对学习者学习策略的把握。

一般来说，语言学习策略可分为元认知策略、认知策略和社交/情感策略。元认知策略是学生对自己认知过程的策略，包括对自己认知过程的了解和控制策略，有助于学生有效地安排和调节学习过程；认知策略是学习者加工信息的一些方法和技术，有助于有效地从记忆中提取信息；社交/情感策略指在学习过程中用来促进学生合作和提高学习兴趣的策略。加藤恒主动纠正自己的错误，属于元认知策略的自我管理策略。

36. D

此题考查对影响学习者学习差异因素的把握。

在学习语言的过程中，要敢于、乐于用自己学到的语言去进行交际，交际中语言能力才能得到提高，这是加藤恒进步的主要原因。

37. B

此题考查对语言学能的把握。

语言学能包括语音编码解码能力、语法敏感性、语言归纳能力和语言材料强记能力。

38. B

此题考查对语音教学方法的把握。

在语音教学过程中，详细讲解每个音素的发音部位，可以让学生掌握正确的发音，并通过反复跟读，进行强化训练。播放影视资料，让学生感受真实语言环境，也可以促进学生语音水平的提高。但不论场合，逢错必纠的方法忽视了语言习得的规律，打击了学生学习的积极性。

39. A

此题考查对汉语成语的理解。

典故出自南朝《后汉书·耿弇列传》中《临淄劳耿弇》："将军前在南阳，建此大策，常以为落落难合，有志者事竟成也。"汉光武帝讲的"有志者事竟成也"一句，后来常被人引用，成了成语"有志者事竟成"。

40. D

  此题考查对功能主义语言学的了解。

  韩礼德是功能主义语言学的代表人物，他认为语言有三种基本功能：概念功能、交际功能和语篇功能。

41. C

  此题考查对功能主义语言学的了解。

  A、B、D项都是功能主义语言学的观点，C项是转换生成语言学派的观点。

42. B

  此题考查对教学法的掌握。

  交际法又称"交际语言教学"，较早称为"功能法""意念—功能法"，是以语言功能和意念项目为纲、培养在特定的社会语境中运用语言进行交际能力的一种教学法。交际法是受功能主义语言学派的影响而产生的。

43. C

  此题考查"呢"字的语法意义。

  "呢"在句末可表示疑问，如："你在哪儿呢？"表示动作或状况的持续，如A、B、D项。表示确认事实，有强调的作用，如C项。句（1）中的"呢"表示动作的持续，与A、B、D项用法相同。

44. A

  此题考查对复句的掌握。

  "而且"表示的是一种递进的关系，由其所连接起来的复句是有递进关系的复句，表示后一分句比前一分句更进一层。

45. A

  此题考查"的"字的语法意义。

  "的"一般有三种用法，一是定语的标记，二是句末语气词，三是用于"的"字短语结构。文中"蓝色的""黑色的"是"的"字短语的用法，与B、C、D项相同。A项中的"的"是句末语气词，不属于"的"字结构的用法。

46. C

  此题考查对教学中语言与文化关系的了解。

  材料中，对话的核心是讨论衣服的颜色。每个国家都有不同的崇尚颜色与禁忌颜色，了解颜色文化有助于减少交流中的障碍。

47. C

  此题考查对多音字"度"的掌握。

  "度"的两个读音，一个是"duó"，作动词，表示度量的意思；一个是"dù"，意思为测量的工具。文中的意义分别为"度量、工具、工具"。

48. B

此题考查对通假字的掌握。

文中的两个通假字为"坐"和"反",分别通"座"和"返"。

49. B

此题考查对"者"字语法意义的掌握。

"者"可作为定语后置的标志,且"郑人有欲买履者"的翻译是"一个想买鞋的郑国人",因此应该是定语后置。

50. C

此题考查对宾语前置的掌握。

"自信"是宾语前置的句式,即相信自己。A项是形容词的意动用法,"美我"即以我为美。B项和D项都是判断句。C项是宾语前置,"何知"即"知何"。

第二部分

51—55. F C A B D

此题考查的是纠错模式。常见的纠错模式有:

明确纠正:直接指出错误并告诉学生正确的形式;

要求澄清:出现偏误的时候要求学生重新表达;

重铸:把学生的偏误句用正确的方式重述一遍,不改变原来的意思;

诱导:通过提问诱导学生说出正确的句子;

重复:用升调重复学生的偏误,以引起学生的注意;

提供元语言知识:讲解语言本身的差异,让学生意识到自己的错误。

56—60. E A F C B

此题考查词汇教学中近义词辨析的角度。

56题指出区别在于词性的不同,一个是副词,一个是名词。57题分别解释了词义,是从词义上来区分的。58题指出一个不能加宾语,一个可以加宾语,是从搭配上来区分的。59题指出各词的褒贬性,是从感情色彩上来区分的。60题的口语、书面语属于语体的不同。

61. B

此题考查课堂教学环节。

步骤①是复习"V+得+Adj."状态补语的用法,属于复习旧知的环节;之后的步骤②老师通过提问引出新的语法点,属于导入新课的环节。

62. C

此题考查语法点难度等级。

按照《国际中文教育中文水平等级标准》,"Adj./V+得+VP(怎么样)"属于五级语法点,因此该语法点适合中等水平学生。

63. A

    此题考查教学环节与操练的方法。

    步骤⑥已到了操练环节，而且步骤⑤已做了替换练习，为了使操练多样化，接下来适合引导学生看图片回答问题。

64. B

    此题考查语法点处理的顺序。

    材料中，教师先进行语法点的展示（步骤②），并作相应的解释（步骤③），再对语法点进行归纳（步骤④），最后进行相关的练习以便巩固学习（步骤⑤），所以语法点处理的顺序是"展示—解释—归纳—操练"。

65. B

    此题考查课堂教学活动的形式。

    研讨式教学活动的本质在于它是师生的双向活动，强调师生双方主动介入，并且师生或生生参与讨论、研究，寻求解决问题的办法。A项的课堂教学活动形式是讲授式，C项是实践活动式，D项是竞赛式。

66. A

    此题考查课文的导入方法。

    因为这一课的口语话题是谈论朋友的，那么在导入课文时，简单聊聊自己的朋友是个较为理想的导入话题。

67. B

    此题考查任务型教学法在口语课中的运用。

    课堂活动任务的布置应在任务前进行，课堂活动任务的完成贯穿任务中和任务后。

68. B

    此题考查口语测试题型的选择。

    口语测试的题型包括：朗读、问答、复述、看图说话、口头叙述、角色扮演、讨论或辩论等。讨论或辩论适合汉语水平较高的学生，案例是初级汉语口语课，所以不太合适。

69. D

    此题考查口语课的讲练比例。

    在口语课上，学生的练习时间不能少于70%，最恰当的讲练比例是3∶7。

70. C

    此题考查教师的课堂应变能力和职业素养。

    遇到此类问题，教师要调整好自己的情绪，不能打击学生的积极性，同时应该遵守学校的规定，如果强行拖堂对其他学生不公平。较好的办法就是让学生在下次活动中第一个参加。

71. B

    此题考查听力教学方法。

对于录音已经放完几遍后，还有学生没听懂，这时较好的办法就是让学生看听力原文。A项做法要求学生有较高的自觉性，而且不能即时解决问题。C项做法也不妥，留学生可能更听不懂不标准的复述。D项做法有失公平，占用其他学生的时间。

72. B

此题考查听力教学方式。

重点词语和语法点就是学生在听力过程中可能听不懂或出错的地方，也是学生需要特别注意听的地方，故选B。A项事先看过听力原文，不能真实、有效地训练学生的听力理解能力。C项有失公平，且易引起学生的反感，对于学生没掌握的语法点，多听也无法理解。D项虽能增强学生的信心，但对提高学生的汉语听力水平没有帮助。

73. C

此题考查听力材料中生词的处理方法。

这几个词都是重点生词。A项"让学生理解词义"的做法不具体，另外简单了解用法并不能达到运用的目的。B项的方法只是基本教学，对理解这几个词的意思没有太大帮助。D项直接让学生用生词造句太难了，学生很可能不明白意思。比较好的做法是先借助近义词、反义词来加深学生的理解，再进行其他方面的教学。

74. C

此题考查学生的学习能力。

综合判断能力包括根据语法结构推测的能力、预测新信息的能力、无视生词的能力等。题目中学生能辨别语音，听出词语，但听不懂句子，说明对语法的听辨能力不强。

75. B

此题考查听力教学的拓展延伸。

B项与听力材料最为贴近，既加深了学生对中国茶文化的了解，又锻炼了学生的口语表达能力。

76. B

此题考查对偏误产生原因的理解与把握。

句（1）和句（2）主要是对副词"较"和"很"使用规则的过度泛化造成的偏误，"比"字句中，表示程度时，一般不用"较""很"。故选B。

77. C

此题考查对写作课教学方法的把握。

材料是报刊课中的学生作文，属于老师控制下的写作练习，选项中的C与材料一致，都属于老师给定具体要求，学生练习写作。故选C。

78. B

此题考查对写作练习指导方法的把握。

习作中该学生出现了很多语法规则方面的错误，教师应该对学生的遣词造句、句法规则的正确运用多加关注。整篇文章在立意、结构和行文逻辑上没有明显问题。

79. A

此题考查对"比"字句的把握。

该习作中，学生用了很多"比"字句，但是也出现了很多错误，对于"比"字句的前后项该由什么成分充当，"比"字句中比较结果该由什么成分充当及其修饰限制成分等，掌握得不是很好。

80. B

此题考查对课堂突发问题处理方法的掌握。

面对这样的问题，首先老师要对他的积极思考表示鼓励，但也要在短时间内表明自己的观点，不能不作解释。B项的处理方法是比较妥当的，对学生的看法作了回应，对误解中国的说法一定程度上也作了驳斥。

81. A

此题考查对语音偏误纠正技巧的把握。

在交际练习时，学生如果出现了语音偏误，老师不应立刻纠正，也不应逢错必纠，可以记下偏误，等练习结束时，针对较多较严重的偏误进行集中指导，以免打断学生的交际过程。

82. A

此题考查对教学中教学对象差异造成的教学内容差异的把握。

幼儿园孩子由于年龄太小，没有老师的帮助无法自主完成老师的要求，因此这类文字类的活动不适合幼儿园孩子。

83. B

此题考查对多媒体教学利弊的掌握。

老师过度专注PPT，会减少课堂上与学生互动的时间，减少直接的交流互动。

84. C

此题考查对课堂教学技巧与课堂突发状况的把握。

老师在用奖励法激励学生时，应该要尽量照顾全班同学的感受，不能仅仅以成绩来判断学生学习的好坏以及努力与否。水平不同的学生要有不同的奖励机制，只要努力了，老师就要做好督促作用，让每个学生都能感受到努力所带来的成就感。故选C。

85. B

此题考查对教学法知识的掌握。

老师在课堂运用了多种教学方法。大家一起归纳汉语双宾句的结构形式，使用了归纳法。老师提供语境，学生来造句，使用了情景法。通过观看图片或者动画来造句，使用的是图示法。老师讲课的过程中更加注重学生在思考与理解中学会双宾句，而不是直接翻译来教学，所以教学过程中没有运用语法翻译法，故选B。

86. D

  此题考查对课堂管理能力的把握。

  遇到这种情况，老师的目的是要把说话学生的注意力拉回课堂，通过提问旁边学生，可以让说话的学生紧张起来，意识到自己偏离课堂了。

87. A

  此题考查对文化差异中权力距离的把握。

  日本文化中，长幼存在等级差异，因此长幼之间有一定的距离，对长辈要恭敬，这也是一种权力距离的体现。

88. E

  此题考查对文化差异中集体主义与个人主义的把握。

  西方人比较注重个人的利益，也比较崇尚独立，子女成人后不再依靠父母，这种情况在中国是很少见的，这是集体主义与个体主义的差别。

89. B

  此题考查对学习者学习风格差异的把握。

  学生风格的差异会影响他们学习的方式与方法，这是造成班内出现不同学习风格的原因，对于不确定的事情，有些人会比较担心。

90. A

  此题考查对中国水文化的把握。

  相传唐代名人陆羽云游各地，按水质好坏将泉水排名，确认庐山谷帘泉为"天下第一泉"。陆羽之后的唐代名士刘伯刍，将江苏镇江中泠泉誉为"天下第一泉"。乾隆皇帝正式命名北京玉泉为"天下第一泉"，相传其品尝到趵突泉后，将山东济南趵突泉加封为"天下第一泉"。

91. A

  此题考查对中国的酒文化的把握。

  茅台酒是风格最完美的酱香型大曲酒之典型，"酱香型"又称"茅香型"；五粮液是浓香型大曲酒的典型代表；泸州老窖特曲属于浓香型白酒的典型代表；汾酒是我国清香型白酒的典型代表。

92. B

  此题考查对中国菜系的了解。

  "四大菜系"分别是鲁菜、川菜、粤菜、淮扬菜。

93. D

  此题考查对"竹林七贤"中人物的了解。

  《与山巨源绝交书》，是魏晋时期"竹林七贤"之一的嵇康写给朋友山涛（字巨源）的一封信，也是一篇名传千古的散文。这封信是嵇康听到山涛在由选曹郎调任大将军从事中郎时，想荐举他代其原职的消息后写的。故选D。

94. C

  此题考查对成语形式的了解。

  成语是语言中经过长期使用、锤炼而形成的固定短语。它是比词大而语法功能又相当于词的语言单位。成语一般都是四字格式,也有三字、五字等成语。"莫须有"是三字成语,"真金不怕火炼"是六字成语,"项庄舞剑,意在沛公"是八字成语,而"有眼不识泰山"是惯用语,不是成语,故选C。

95. B

此题考查对《诗经》的了解。

《诗经》是中国古代诗歌的开端,是最早的一部诗歌总集,收集了西周初年至春秋中叶(前11世纪至前6世纪)的诗歌,共305篇,反映了周初至周晚期约五百年间的社会面貌。故选B。

96. B

此题考查对中国古代书院的了解。

岳麓书院是中国历史赫赫闻名的四大书院之一,坐落于中国历史文化名城湖南长沙岳麓山脚下,作为世界最古老的学府之一,其古代传统的书院建筑至今被完整保存。

97. H

此题考查对中国古代书院的了解。

应天书院前身为睢阳书院,是五代后晋时的商丘人杨悫所创办,位于河南省商丘市睢阳区商丘古城南湖畔,是中国古代著名的四大书院之一,史载"州郡置学始于此"。

98. A

此题考查对中国古代书院的了解。

白鹿洞书院,位于江西省九江市庐山五老峰东南,是世界文化景观,享有"海内第一书院"之誉,被评为"中国四大书院之首"。

99. D

此题考查对中国古代书院的了解。

东林书院在江苏,创建于北宋政和元年(1111),是当时北宋理学家程颐、程颢嫡传高徒、知名学者杨时长期讲学的地方,后废。明朝万历三十二年(1604),由东林学者顾宪成等人重新修复并在此聚众讲学。他们倡导"读书、讲学、爱国"的精神,引起全国学者普遍响应,一时声名大振。东林书院成为江南地区人文荟萃之区和议论国事的主要舆论中心。

100. E

此题考查对中国古代书院的了解。

南溪书院位于福建省三明市尤溪县城南的公山之麓,原为邑人郑义斋馆舍。北宋宣和五年(1123),朱熹之父朱松任尤溪县尉,去官后寓居于此。后来宋理宗赐额"南溪书院"。

说明:第三部分"综合素质"为情境判断题,考查考生的个人态度倾向,没有统一的标准答案。

《国际中文教师证书》考试仿真预测试卷

(第三辑)
(第二版)

主编:梁社会　张小峰

编著:(按姓氏音序排列)

何向向　贺淑云　李相茹

李　影　孙田田　许一然

北京大学出版社
PEKING UNIVERSITY PRESS

图书在版编目(CIP)数据

《国际中文教师证书》考试仿真预测试卷. 第三辑 / 梁社会，张小峰主编. — 2版. — 北京：北京大学出版社，2023.8
ISBN 978-7-301-34003-5

Ⅰ.①国… Ⅱ.①梁… ②张… Ⅲ.①汉语－对外汉语教学－资格考试－习题集 Ⅳ.① H195.3-44

中国国家版本馆CIP数据核字(2023)第090047号

书　　　名	《国际中文教师证书》考试仿真预测试卷（第三辑）（第二版） 《GUOJI ZHONGWEN JIAOSHI ZHENGSHU》KAOSHI FANGZHEN YUCE SHIJUAN (DI-SAN JI) (DI-ER BAN)
著作责任者	梁社会　张小峰　主编
责 任 编 辑	孙艳玲
标 准 书 号	ISBN 978-7-301-34003-5
出 版 发 行	北京大学出版社
地　　　址	北京市海淀区成府路205号　100871
网　　　址	http://www.pup.cn　新浪微博：@北京大学出版社
电 子 邮 箱	zpup@pup.cn
电　　　话	邮购部 010-62752015　发行部 010-62750672　编辑部 010-62753374
印 刷 者	三河市博文印刷有限公司
经 销 者	新华书店
	889毫米×1194毫米　16开本　10印张　192千字 2019年1月第1版 2023年8月第2版　2023年8月第1次印刷
定　　　价	42.00元

未经许可，不得以任何方式复制或抄袭本书之部分或全部内容。
版权所有，侵权必究
举报电话：010-62752024　电子邮箱：fd@pup.cn
图书如有印装质量问题，请与出版部联系，电话：010-62756370

出版说明

本系列丛书是为教育部中外语言交流合作中心主办的《国际中文教师证书》考试编写的应试辅导用书。

《国际中文教师证书》考试通过对汉语教学基础、汉语教学方法、教学组织与课堂管理、中华文化与跨文化交际、职业道德与专业发展等五个标准能力的考查，评价考生是否具备担任国际中文教师的能力。

本系列丛书分辑出版，每辑包括三套高仿真模拟试卷、参考答案及精要解析。

本系列丛书的编写思路和特点是严格参照考试大纲和样卷编写，准确传达考试宗旨、试题形式和出题原则。另外，丛书编著者均为高校国际中文教学专业一线教师，或其他教学机构《国际中文教师证书》考试资深培训教师，对历次考试变化和发展趋势有专门的研究和深入的把握，力争通过本套丛书再现最新的考试动态，预测未来考试的特点和发展趋势。

本丛书可用于全面复习前或复习过程中的自我预测，从而针对个人具体情况确定复习范围和重点；也可用于考前自测，全面检查复习效果，查漏补缺，从而进行有针对性的考前强化复习；各类培训班也可用本丛书进行模拟考试，以检验教学效果。

北京大学出版社
汉语及语言学编辑部

《国际中文教师证书》
考试

仿真预测试卷一

注　　意

一、本试卷分三部分：
　　1. 基础知识 50 题
　　2. 应用能力 50 题
　　3. 综合素质 50 题

二、请将全部试题答案用铅笔填涂到答题卡上。

三、全部考试约 155 分钟（含 5 分钟填涂答题卡时间）。

第一部分　基础知识

第 1—5 题

请从 A—G 中选出与下列国际音标相对应的一项，其中有两个多余选项。

1. [p] [pʰ]　　　　2. [m] [n] [ŋ]　　　3. [k] [kʰ] [x]
4. [iaŋ] [iæn] [in]　5. [n] [l]

1. _____
2. _____
3. _____
4. _____
5. _____

A. 开口呼
B. 双唇音
C. 舌尖中音
D. 舌尖前音
E. 舌面后音
F. 齐齿呼
G. 鼻音

第 6—8 题

下雨了，（1）妈妈让我赶紧回家。可是我忘了带伞，衣服都叫雨水给湿透了，所以我的心情也糟透了。回到家，发现屋子给弄得乱七八糟，不用问，一定是我的小表弟干的！我把他叫过来想训他一顿，可他却给我一杯热茶，让我一点儿气也生不起来了。唉，真拿他没办法。

6. 语法点"给"在文中共出现了几种用法？
   A. 1 种　　　　B. 2 种　　　　C. 3 种　　　　D. 4 种

7. 下列哪项与句（1）的句法形式一样？
   A. 老师选他当班长。
   B. 我让人给打了。
   C. 老师认为他学习好。
   D. 公共场所不让吸烟。

8. 现代汉语中，"给"除了"gěi"这个音以外，还有几种发音？
   A. 0　　　　　B. 1　　　　　C. 2　　　　　D. 3

第 9—15 题

请从 A—F 中选出下面汉字所对应的造字法，其中有两个多余选项。

9. 🐟 🐟 🐟 ?　　10. 典 典 典 ?
11. 木 木 木 ?　　12. 征 征 征 ?

9. _____
10. _____
11. _____
12. _____

A. 形声字
B. 象形字
C. 会意字
D. 指事字
E. 转注字
F. 假借字

13. 上图中带问号的字是什么字体？
    A. 金文　　　B. 小篆　　　C. 隶书　　　D. 楷书

14. 下列哪个词中"典"的义项与其他的**不一样**？
    A. 引经据典　　　　　　B. 典则俊雅
    C. 三坟五典　　　　　　D. 枕典席文

15. 下列哪项词语注音正确？
    A. 鱼目混珠 yú mù hǔn zhū　　　B. 数典忘祖 shù diǎn wàng zǔ
    C. 施朱傅粉 shī zhū fù fěn　　　D. 猃狁之征 dōng sī zhī zhēng

第 16－22 题

　　（1）小丑鱼不仅不怕海葵触手的毒，还会受到海葵的无私帮助呢。海葵成百上千的触手一起随波逐流，难免彼此触碰，为避免友军（2）叫毒刺误伤，海葵的身体表面便分泌一种黏液给刺细胞传达指令：凡遇有这种黏液的都是自己人，不要"开火"。当小丑鱼还是幼鱼时，就凭借嗅觉和视觉找到海葵，海葵则任由小丑鱼吸收自己触手分泌的黏液。小丑鱼等到自己全身都涂满了保护物质黏液时，就可以在海葵的保护下自由自在、无忧无虑地生活了。

　　春潮水暖，暗礁上迎来了生育的季节。海葵和小丑鱼父母一起迎来了新一批宝宝，海葵保护小丑鱼妈妈产下成千上万的卵，承担保护刚孵化出来的小丑鱼的责任。海葵就这样无欲无求，一代又一代地辛勤工作着。

　　当然，小丑鱼也是**知恩图报**的客人，当海葵依附在岩礁上时，小丑鱼会在海葵漂亮的触手丛中游动，这自然会引诱其他海洋小生物上钩，为房东带来食物。平时，小丑鱼会捡食海葵吃剩的饵料，担负起清洁打扫的工作，为海葵除去泥土、杂物和寄生虫。当海葵遭遇克星蝶鱼侵犯时，小丑鱼就会挺身而出，对蝶鱼展开猛烈的攻击。虽然二者个头儿悬殊，但凭着勇敢顽强的精神，小丑鱼往往将蝶鱼打得（3）落荒而逃。

　　生物学家们把海葵和小丑鱼的这种关系称为"共生现象"。（4）相对于这个冷冰冰的词汇，把这种现象看作是动物之间一种帮助和感恩的关系，或者是一种互惠的关系，不是更好吗？

选自《走近科学》

16. 句（1）这句话蕴含的语义关系是：
　　A. 递进　　　B. 让步　　　C. 假设　　　D. 转折

17. 下列哪句话中的"呢"与句（1）的"呢"所表达的功能相同？
　　A. 现在呢，跟过去大不一样了。
　　B. 我学习呢！
　　C. 这种事怎么能往外说呢？
　　D. 不光是你，我也要努力呢。

18. （2）处"叫"的词性是：
　　A. 动词　　　B. 助词　　　C. 介词　　　D. 副词

19. （3）处"落"表达的意思是：
　　A. 落后　　　B. 衰败　　　C. 掉落　　　D. 脱离

20. 句（4）属于：
　　A. 反问句　　　　　　　B. 设问句
　　C. 选择问句　　　　　　D. 是非问句

21. 跟文中"知恩图报"结构相同的短语是：
    A. 春暖花开   B. 分析研究
    C. 吞云吐雾   D. 胆大心细

22. 本篇整体上采用了什么样的修辞格？
    A. 层递   B. 双关
    C. 拟人   D. 夸张

第23—27题

> 田中：嗨，玛丽，要去哪儿？
> 玛丽：(1)我去图书馆看书。
> 田中：听说你当了班长，最近是不是很忙？
> 玛丽：还好，工作并不忙，只是课有点儿多。
> 田中：你选了几门课？
> 玛丽：除了必修课，我选了两门课。我还想旁听两门课。
> 田中：每周上多少节课？
> 玛丽：二十四节。
> 田中：真不少。
> 玛丽：这还多啊？(2)我本来想选五门课呢，可是老师只让我选两门。
> 田中：刚来就上那么多课，你会感到**吃力**的。
> 玛丽：老师还对我说不要"**急于求成**"。这是什么意思？
> 田中：老师的意思是说，你别想一口吃成胖子。
> 玛丽：谁想吃成胖子啊！

23. 下列对句(1)的句式描述正确的是：
    A. 连动句   B. 兼语句   C. 双宾句   D. 存现句

24. 句(2)蕴涵的语义关系是：
    A. 让步   B. 假设   C. 转折   D. 递进

25. 你认为最适合做本课拓展话题的是：
    A. 业余爱好   B. 假期安排   C. 中国文化   D. 学习生活

26. 三个词语的构词方式与"吃力"都相同的一组是：
    A. 辛劳 劳累 艰苦   B. 管家 美容 失业
    C. 说服 热心 劳苦   D. 蚕食 心酸 提高

27. 与"急于求成"意思最相近的成语是：
    A. 揠苗助长   B. 操之过急
    C. 欲速不达   D. 迫不及待

第 28－32 题

> 小明：贝拉，你怎么一脸不高兴的样子？
> 贝拉：我晚上要坐车去上海，可是火车票找不到了。
> 小明：是吗？你把车票放在哪儿了？
> 贝拉：我记得就放在这个包里了。
> 小明：你慢慢找找，别着急，越着急越找不到。
> 贝拉：(1) 我找了很长时间了都没找到。
> 小明：你想想，有没有拿出来过？
> 贝拉：唉，一着急我也想不起来了。
> 小明：(2) 既然丢了，着急也没有用。我帮你问问中国同学应该怎么办。
> 贝拉：好，真是太感谢了！
> 小明：我的中国朋友告诉我可以去火车站办理挂失补办手续。
> 贝拉：那我这就去。
> 小明：我陪你去吧，记得带上证件。
> 贝拉：你真好，(3) 给了我这么多的帮助！

28. 下列哪项中的"都"与句（1）中的"都"意义和用法相同？
    A. 你的话并不都对。
    B. 茶都凉了，赶快喝吧！
    C. 中午比早晨都冷。
    D. 现在做什么都没意义。

29. 下列哪项中的"也"与句（2）中的"也"意义和用法相近？
    A. 她会打篮球，也会打网球。
    B. 即使失败十次，他也不灰心。
    C. 连老人也干活儿。
    D. 放弃时间的人，时间也放弃他。

30. 下列哪一组中的两个词构词方式一致？
    A. 火车 故事   B. 告诉 门口   C. 没有 进去   D. 开会 同学

31. 下列哪项中的"不"与"找不到"中的"不"在语流中的发音一致？
    A. 不客气   B. 开不开   C. 不习惯   D. 我不要

32. 下列对句（3）的句式描述正确的是：
    A. 主谓句   B. 连动句   C. 兼语句   D. 双宾句

第 33—38 题

说实话，对于将来要做什么，我还没想好。(1) 可是那时我就是想学汉语，想到中国——这个古老而又年轻的国家去看看。我对父母说，我已经长大了，就像小鸟一样，该自己飞了。我要独立地生活，自由自在地去国外过一年，然后再考虑以后的打算。(2) 爸爸低着头沉思，就像书里写的那样：(3) 一种铁青色的苦闷和失望，在他紫酱色的脸皮上泛出来。但是父母知道我的性格，决定了的事情是不会改变的，就只好同意了。

妈妈让我到中国以后每个星期都给她打一次电话。爸爸说最好常常发伊妹儿，告诉他们我在中国的一切。我答应了。临走前，他们给我买了好多东西，拼命地往我箱子里塞。

爸爸开车把我送到机场。离别时，他远远望着我不停地挥手，妈妈在擦眼泪。看到父母恋恋不舍的样子，(4) 我的眼泪也一下子流了出来。

到中国以后，父母常常来信，总是嘱咐我要注意身体，注意安全，努力地学习，愉快地生活。

为了让他们放心，(5) 我也常去信或者打电话，表达我对他们的爱和想念。

33. 下列哪项中的"就是"与句（1）中的"就是"意义和用法相同？
    A. 这几天，不是刮风，就是下雨。
    B. 别人都来了，就是小明还没来。
    C. 就是在日常生活中也要有一定的科学知识。
    D. 我一定完成任务，你放心就是了。

34. 下列对句（2）的句式描述正确的是：
    A. 主谓谓语句   B. 连动句   C. 兼语句   D. 存在句

35. 句（3）使用的是哪种辞格？
    A. 移就   B. 通感   C. 婉言   D. 曲语

36. 下列哪项中的"出来"与句（4）中的"出来"意义和用法相近？
    A. 答案已经讨论出来了。   B. 他的嗓子练出来了。
    C. 晚会上，不少名演员都出来了。   D. 水满了就会溢出来。

37. 下列哪项中的"去"与句（5）中的"去"意义和用法相同？
    A. 谁知道他的去处？
    B. 冰镇西瓜真可谓去暑佳品。
    C. 他去男主角。
    D. 我教你怎么给水果去皮。

38. 下列选文中出现的词，哪项包含必须读轻声的音节？
    A. 知道　　　　B. 同意　　　　C. 他们　　　　D. 出来

第 39—41 题

> 20世纪70年代，美国一位学者在实验中发现，在第二语言学习者中，有的学习者语言习得速度非常缓慢，甚至停滞不前。为了探明这一原因，他进行了一系列研究，但与以往理论不同，他没有从语言本身寻找答案，也没有从人类大脑的语言机制入手，而是从社会文化角度提出了"文化适应"理论假设，并指出文化适应取决于社会距离和心理距离两个因素。

39. 提出文化适应假说的学者是：
    A. Schumann　　B. Krashen　　C. Selinker　　D. Corder

40. 该假说中心理距离由相互关联的四项因素构成，下列哪项因素**不属于**心理距离？
    A. 语言休克　　B. 文化休克　　C. 学习动机　　D. 社会主导模式

41. 关于该理论的描述，下列哪项正确？
    A. 第二语言学习者群体的文化与目的语群体文化的相似度越高越不利于习得。
    B. 第二语言习得群体内部成员间凝聚程度低，第二语言习得效果好。
    C. 第二语言习得群体内部封闭程度越低越不利于第二语言习得。
    D. 语言疆界渗透性越强，越不利于学习者接受语言输入。

第 42—46 题

> 偏误分析是对学习者在第二语言习得过程中所产生的偏误进行系统的分析，研究其来源，揭示学习者的中介语体系，从而发现第二语言学习者偏误产生的规律的一种分析方法。偏误分析的最终目的是了解第二语言学习的过程，使第二语言教学更有针对性。

42. 偏误分析的语言学基础是：
    A. 结构主义语言学　　　　B. 普遍语法理论
    C. 历史比较语言学　　　　D. 功能主义语言学

43. 在第二语言习得研究领域，学者们大多把____的 *The Significance of Learner's Errors* 看作偏误分析学科建立的标志。
    A. Corder　　　　　　　　B. Lado
    C. Dulay　　　　　　　　D. Taylor

44. 在目的语语音的学习中，韩国学生常常出现的偏误是不分声母 p 和声母 f，造成这种偏误的主要原因是：
   A. 目的语知识负迁移　　　　　　B. 文化因素负迁移
   C. 学习环境的影响　　　　　　　D. 母语负迁移

45. 下列对"偏误"和"失误"的区分，说法正确的一项是：
   A. 偏误是指偶然产生的口误或笔误，失误是对正确的语言规律的偏离。
   B. 偏误是系统的、有规律的，失误是不成系统的。
   C. 偏误不反映说话人的语言能力，失误反映了说话人的语言能力。
   D. 偏误是外在的因素造成的，失误是语言习得的内在因素所造成的。

46. 关于偏误分析的描述，下列哪项**不正确**？
   A. 偏误分析证明了语际偏误，即母语负迁移不是造成偏误的唯一原因。
   B. 偏误是学习者所吸纳的内容的证据，不是教师所教授的内容的证据。
   C. 偏误分析只分析偏误而忽视对中介语的正确部分的仔细描写。
   D. 偏误分析能够反映出学习者的"回避"情况。

第 47－50 题

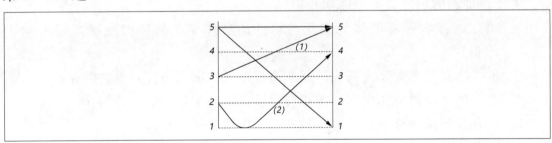

47－48. 根据"五度标记法"，线（1）表示___47___，线（2）表示___48___。
   A. 阴平　　B. 阳平　　C. 上声　　D. 去声

49. "纸老虎"中的"老"在语流中的读音是：
   A. 214　　B. 21　　C. 35　　D. 轻声

50. 下列哪组中画线的字在语流中变调是相同的？
   A. <u>想</u>想　<u>耳</u>朵　　　　　B. <u>马</u>虎　<u>打</u>手
   C. <u>哪</u>里　<u>指</u>甲　　　　　D. <u>捧</u>起　<u>找</u>找

第二部分 应用能力

第51-55题

下面是一节课的具体教学过程，请阅读后回答问题。

(1) 寒暄，师生问好。
(2) 听写上节课所学生词，检查作业。
(3) 老师询问学生"桌子上有什么"，诱导学生回答"桌子上有书、本子、笔……"，进一步引导学生将这种结构的句子转换成"桌子上放着一本书、一个本子、一支笔……"。继续提问并板书学生说出的句子。
   A. 桌子上放着一本书/一个本子/一支笔。
   B. 墙上挂着一幅画儿。
   C. 黑板上写着几个汉字。
(4) 总结：老师对这些句子进行分析。从横向看，得出了句子语序的线性结构；从纵向看，得出了充当句子成分的词类。板书如下：
   处所 ＋ 动词 ＋ 着 ＋ 数量 ＋ 名词
(5) 请学生完成相关语法练习，完成后老师进行评述和讲解。
(6) 布置课后作业：请学生用本节课所学的语法点介绍自己的房间。

51. 材料中"听写生词，检查作业"属于哪一教学环节？
    A. 导入新课   B. 复习检查
    C. 讲解新课   D. 组织教学

52. 从教学活动中可以看出，本节课的教学重点是：
    A. "有"字句   B. 存在句
    C. "比"字句   D. "是"字句

53. 本节课讲解语法点运用的方法是：
    A. 演绎法   B. 归纳法
    C. 图示法   D. 对比法

54. 在练习过程中，一位韩国学生造了一个句子："在食堂外边有一辆车。"这个句子从偏误的表现形式上看属于下列哪一类偏误？
    A. 遗漏   B. 错序   C. 添加   D. 误代

55. 本节课处理语法点的顺序是：
    A. 解释—展示—操练—归纳   B. 展示—解释—操练—归纳
    C. 解释—展示—归纳—操练   D. 展示—解释—归纳—操练

第 56－61 题

下面是一位中文教师教授课文时具体的教学步骤，请阅读后回答问题。

课　文

售货员：你要哪个菜？

安　娜：我要这个。多少钱？

售货员：五块五。

小　林：我要这个，还要那个。

售货员：还要哪个？

小　林：那边，那个！一共多少钱？

售货员：十一块二。

具体步骤

(1) 老师先放录音，让学生完整地听一遍课文；

(2) 老师领读课文；

(3) ……

(4) ……

(5) ……

(6) 布置作业。

56. 案例中（3）（4）（5）的内容分别是：
①学生分组进行对话练习　②老师结合课文内容提问　③学生进行对话表演展示

　　A. ①②③　　　　B. ②①③　　　　C. ②③①　　　　D. ③②①

57. 从教学设计看，本节课属于哪种课型的课堂教学？

　　A. 口语课　　　　　　　　B. 阅读课

　　C. 写作课　　　　　　　　D. 综合课

58. 根据课文可以看出，本节课的教学内容是：

　　A. 介绍购物经历　　　　　B. 怎样询问别人意见

　　C. 如何砍价　　　　　　　D. 购物时如何询问价格

59. 动词"要"是本节课的一个重要语法点，"要"还可以作能愿动词，下列关于能愿动词"要"的语法特征，说法**不正确**的一项是：

　　A. 能用在动词、形容词前，表示一种很强烈的愿望或一个决定、决心

　　B. 在句子中作状语，但与副词不同，它有"Ｖ不Ｖ"式和"不Ｖ不"式

　　C. 可以用在名词前，能带助词"了、着、过"和数量补语

　　D. 可以用"不"来否定，但一般出现在祈使句里，表示劝阻或禁止

60. 本节课的训练侧重点是：
    A. 以单项训练为主，其训练过程的顺序为语音—词—语句—语段
    B. 增强成段表达和交际训练的比重
    C. 以综合训练为主，突出句群和语段的表达
    D. 加强话题提出、扩展和结束的训练

61. 老师布置的课后作业最有可能是：
    A. 记一次购物的经历
    B. 让学生进行模拟购物的对话练习
    C. 让学生进行一次真实的购物活动
    D. 让学生复习本节课重点生词

第 62—65 题

> 在语音教学中，将 f 音和 h 音相混淆的现象很普遍，对此，一位中文教师设计了如下的辨音方法：
> (1) 听辨与模仿练习
>   让学生听老师或录音中发出的音，跟读并写出听到的音。
>   老师：hǎo fēi hěn fǎn huí huó fó fáng huǒ
>   学生：hǎo fēi hěn fǎn huí huó fó fáng huǒ
> (2) 认读练习
>   老师将"f、h"这两个声母分别与韵母拼合的单音节或多音节词写在黑板上，老师指某一个音，让学生进行辨别认读，若学生出现错误……
>   板书：服 饭 飞 回 和 号

62. 上述活动的主要目的在于训练：
    A. 听音节   B. 听声母
    C. 对比辨音   D. 听声调

63. 在上述教学活动中，学生最容易出现哪种发音错误？
    A. 前后鼻音不分   B. 平翘舌不分
    C. 混淆唇齿音与舌面后音 D. 混淆送气音与不送气音

64. 在认读练习中，如果学生出现了错误，下列做法最**不合适**的是：
    A. 对学生的语音错误要严格要求，重点集中纠正
    B. 先提醒和启发学生，让学生自己纠正，当学生不会时，老师再予以纠正
    C. 对于学生出现的重点错误，应当在不同的时间和场合多次重复纠正
    D. 忽略错误，不作任何纠正

65. 下列关于语音教学的原则，描述**不正确**的一项是：

    A. 以语音知识讲解为主，模仿和练习为辅

    B. 声韵调结合，循序渐进

    C. 机械性练习与有意义练习相结合

    D. 听说结合，先听后说

第 66—70 题

下面是一位中文教师在主讲《中国茶文化》一课时，课堂活动的具体操作过程。

任务前	准备阶段	对词汇和语法进行讲解，播放一些关于茶文化的历史影视资料，如丝绸之路、茶马古道等。
任务环	执行阶段	将学生进行分组，要求每组学生根据自己的生活经验说出对本国茶的认识，并进一步简要阐述本国的茶和其他更为普遍的饮品之间的区别。请学生对阅读材料进行分类，指出哪些内容是之前在其国家已经了解到的，哪些是从文中刚刚知道的。
	计划阶段	各组学生准备以口头或书面的形式向全班汇报任务完成情况。
	报告阶段	每组派一名或几名学生向全班汇报本小组的任务完成情况，老师予以评价。
语言聚焦	语言分析活动	老师对学生在汇报过程中出现的一些语言上的错误和混淆情况进行分析指导。
	语言练习活动	……

66. 上述材料是哪种教学模式的课堂活动？

    A. 全身反应法　　　　　　　　B. 任务型教学法

    C. 交际法　　　　　　　　　　D. 认知法

67. 在任务环中的执行阶段和报告阶段，老师分别担任什么角色？

    A. 监督者；评价者　　　　　　B. 评价者；评价者

    C. 评价者；监督者　　　　　　D. 监督者；监督者

68. 本节课课堂教学分三个步骤，即任务前、任务环和语言聚焦，这一过程是根据哪位语言学家的主张设计的？

    A. Jane Willis　　B. Long　　C. Numan　　D. Prabhu

69. 根据材料，在"语言练习活动"这一环节中**不适合**进行的一项教学活动是：
    A. 全班齐声朗读识别出来的、分了类的短语
    B. 让一个小组说出句子的一部分，另一个小组把句子补充完整
    C. 老师设置情景或话题，让学生练习和巩固词汇、短语等
    D. 花大量时间对学生在报告过程中出现的语音错误进行纠正

70. 有一个学生非常内向，不愿意参与课堂任务，针对这种情况，下列做法最恰当的是：
    A. 对他不积极、不主动的表现进行批评教育
    B. 允许他不参加课堂任务，自己复习相关知识
    C. 设置愉快的课堂任务，安排友好的语言伙伴帮助他，老师适时予以表扬
    D. 让他观看并学习其他学生的课堂表现

第71—75题

> 王老师是印尼一所中学的中文教师。刚入职不久，为了让自己尽快适应工作要求，并快速成为一名优秀教师，他总结了一些自己感到困惑的问题发到了微博上。他期待大家的讨论能对他以后的教学有所启发和帮助。
> 1. 在教授过程中，如遇到自己不确定的字词或知识点怎么办？
> 2. 对于文化上的冲突应该怎么办？
> 3. 能否为了适应当地的习惯而改变教学内容？
> 4. 怎么选择合适的教材？
> 5. 怎样让学生和同事尽快接受自己？

71. 根据上述材料，下列哪项说法正确？
    A. 遇到自己不确定的字词可以先凭自己的感觉或猜测来回答学生
    B. 学生很容易对老师产生盲目的信任，所以可以随便应付一下
    C. 老师也会有犯错的时候，所以老师还要教学生学会怀疑
    D. 中国的老师无论是汉语知识上还是中国文化上，一定比本土中文老师水平高

72. 在制订教学计划时，下列哪项做法是正确的？
    A. 要谨慎选择内容，尽量以当地的历史文化为主要内容
    B. 要尊重当地的宗教信仰和风俗习惯，尽量避免触犯当地禁忌的教学内容
    C. 语言教学才是主体，文化是辅助语言教学的，要先考虑中国文化
    D. 为了避免不必要的冲突，要完全遵守当地的风俗习惯

73. 老师遇到学生很难掌握某一知识点的情况时应该怎么做？
    A. 可以采取回避的方式，继续其他内容的教学
    B. 要想办法从根本上解决问题，而不是只求暂时性的进展
    C. 可以暂时采用一种妥协的办法，后面有机会再深入讲解
    D. 让学生尽量用自己的母语去思考该知识点的含义

74. 下列哪种做法最有助于让学生尽快接受一名新老师？
    A. 用中国人的热情好客感染学生
    B. 认真地向当地老师学习他们对待学生的方式
    C. 积极参加他们的各种校园活动、宗教活动
    D. "文化休克"是正常的，不用理会，自然而然就好

75. 一名学生的作文中出现了这样的句子："虽然老师刚到这里两个星期，但是我觉得好像认识了她两个年一样。"学生的这种中介文化行为属于：
    A. 文化迁移　　B. 文化过滤　　C. 母语迁移　　D. 目的语泛化

第 76—79 题
以下材料是某大学国际文化教育学院汉语言文学专业二年级留学生"中级汉语"课程期中考试的试卷结构。

题型	题型说明	数量	分值
写汉字	根据拼音填空	20	10
词语搭配	词语搭配	15	15
选词填空	选择合适的词语填空	15	15
（1）	将打乱顺序的词语整理成句子	5	5
造句	用指定词语完成句子	10	20
解释句子	写出画线部分的意思	5	5
阅读理解	（一）根据文章内容，选择合适的词语填空 （二）根据文章内容，选择最合适的答案	10	10
作文	（一）使用所给出的词语，写一篇80字左右的短文	1	10
	（二）结合所给图片，写一篇80字左右的短文	1	10
总计		82	100

76. 按测试用途分，案例中的语言测试属于哪一种测试？
    A. 水平测试　　B. 成绩测试　　C. 学能测试　　D. 诊断测试

77. 材料中（1）的题型是：
    A. 句子排序　　B. 完形填空　　C. 连词成句　　D. 连句成段

78. 测试是用来检查教学效果的，但同时又不可避免地给教学以影响，这体现了语言测试评析标准的哪个方面？
    A. 后效作用　　　　　　　　B. 有效性
    C. 可行性　　　　　　　　　D. 区分性

79. 信度和效度是测试的两大评析标准，两者都很重要且密不可分，下列关于两者关系说法正确的一项是：
    A. 受试者水平越接近，差异越易测量，可靠性越高
    B. 信度是效度的前提，如果测试的结果不可靠，就谈不上有效性
    C. 语言测试中即使效度不高，信度高也有意义
    D. 信度高意味着效度一定高，可靠的语法项目考试一定能测出受试者的理解能力

第80—84题

下面是一名高级班留学生在写作课上写的一篇作文。

> 其是我即不太喜欢又不太习惯的人。但是，因为我即不敢又不能逆行现在这个世界的潮流，我就慢慢开始学习上互联网搜索、聊天儿、购物等。
> 　　来到中国以后学习汉语当中，我通过各种各样的方式来交了很多朋友。(1)这些朋友都为我的汉语水平进步帮助得直不少了。尤其是我加入了微信、QQ等以后，通过网上交友有了更大的进步。
> 　　对我而言，网上交友是现在在我生活中，已成为比较重要的一部分了。在网上不管年龄多少，不管身份高低，都能够做朋友。因为网络上的隐蔽性，让网上交友会更真实，也会更真诚。但是，这些好处又会变成相反的。就是因为容易隐蔽，会容易虚伪，也会随时诈骗。
> 　　(2)我认为网上交友也是生活上其他方面一样，需要取长补短。

80. 句（1）怎么修改最合适？
    A. 这些朋友都为我的汉语水平进步提供了不少帮助
    B. 这些朋友都对我的汉语水平进步帮助很多
    C. 这些朋友都对我的汉语水平进步帮助了不少
    D. 这些朋友都对我的汉语水平进步帮助不少

81. 句（2）出现的偏误从影响范围看，它并不影响整个句子的理解和交际，这种偏误属于哪一类偏误？
    A. 整体性偏误　　　　　　　B. 局部性偏误
    C. 前系统偏误　　　　　　　D. 后系统偏误

82. 教师应该如何正确对待学生的偏误？
    A. 偏误对形成正确的语言习惯极其有害，对学生出现的错误要有错必纠
    B. 偏误是走向完善的路标，是学习过程中的正常现象，不必纠正
    C. 让一个国家学习好的学生去纠正另一个国家学生的偏误
    D. 提供大量语言事实，启发学生自己发现并改正错误

83. 按照《国际中文教育中文水平等级标准》，高等阶段应达到的写作能力要求包括：
    ①能够手写高等语言量化指标要求书写的汉字
    ②能够使用较长和较为复杂的句式进行语段表达
    ③在规定时间内，完成常见的叙述性、说明性、议论性等语言材料的写作
    ④能够正确运用比较丰富的成语、习用语和多种修辞方法
    A. ②④　　　　B. ②③　　　　C. ①④　　　　D. ①③

84. 基于该生的写作表现，下列哪一个题目最适合他课后进行写作练习？
    A. 介绍电脑的功能
    B. 说明手机对人们生活的影响
    C. 记一次难忘的旅游经历
    D. 就一年来的学习情况，写一篇学习总结

第 85—88 题

> 香菱笑道："我只爱陆放翁的诗'重帘不卷留香久，古砚微凹聚墨多'，说的真有趣！"黛玉道："断不可学这样的诗。你们因不知诗，所以见了这浅近的就爱，一入了这个格局，再学不出来的。你只听我说，你若真心要学，我这里有《王摩诘全集》，你且把他的五言律读一百首，细心揣摩透熟了，然后再读一二百首老杜的七言律，次再李青莲的七言绝句读一二百首。肚子里先有了这三个人作了底子，然后再把陶渊明、应玚、谢、阮、庾、鲍等人的一看。你又是一个极聪敏伶俐的人，不用一年的工夫，不愁不是诗翁了！"香菱听了，笑道："既这样，好姑娘，你就把这书给我拿出来，我带回去，夜里念几首也是好的。"

85. 该段选自《红楼梦》，以下与《红楼梦》成书朝代**不同**的是：
    A.《儒林外史》　　　　　　B.《聊斋志异》
    C.《封神演义》　　　　　　D.《官场现形记》

86. 下列哪句诗**不是**陆放翁所作？
    A. 出师一表真名世，千载谁堪伯仲间。
    B. 王师北定中原日，家祭无忘告乃翁。
    C. 水满有时观下鹭，草深无处不鸣蛙。
    D. 沙场烽火连胡月，海畔云山拥蓟城。

87. 下列哪一个典故和陶渊明**无关**？
    A. 北窗高卧　　B. 葛巾漉酒　　C. 才高八斗　　D. 五柳先生

88. "清新庾开府，俊逸鲍参军"说的是谁的诗风？
    A. 谢灵运　　B. 李白　　C. 应玚　　D. 王维

第89—93题

请在A—F中选出以下描述所对应的一项，其中有一个多余选项。

---

89. 以口语能力的培养为基础，强调通过有意义的情景进行目的语基本结构的操练。

90. 教学基本程序一般为：认知、模仿、重复、交换、选择，即"五段学说"。

91. 主张在第二语言教学中发挥学习者智力的作用，反对动物型的刺激—反应的学习。

92. 教学过程包括语言材料的展示及感知、理解和记忆、练习和运用这三个环节。

93. 以语言功能和意念项目为纲、培养在特定的社会语境中运用语言进行交际的能力。

---

89. _____
90. _____
91. _____
92. _____
93. _____

A. 听说法
B. 交际法
C. 情景法
D. 视听法
E. 全身反应法
F. 认知法

第 94－97 题

请从 A－G 中选出下列四幅作品所对应的作者，其中有三个多余选项。

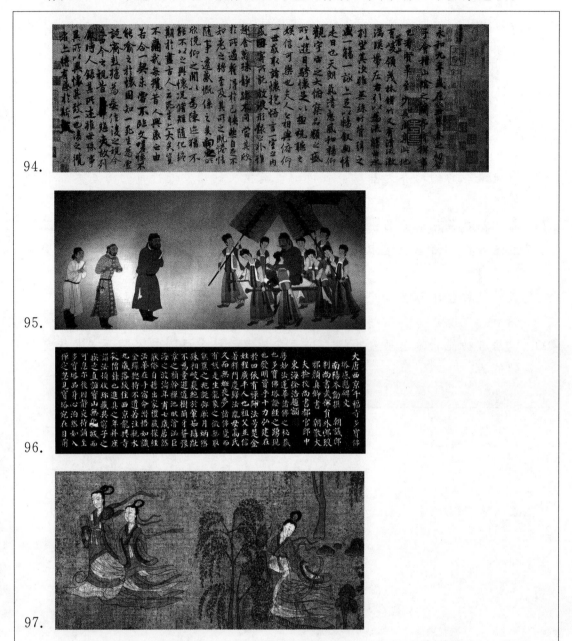

94. _____
95. _____
96. _____
97. _____

A. 吴道子
B. 顾恺之
C. 王羲之
D. 颜真卿
E. 柳公权
F. 阎立本
G. 欧阳询

第 98－100 题

下面是某学校国际文化教育学院文化体验活动的海报。

欢迎参加重阳节活动

时间：10月28日

地点：栖霞山

组织者：国际文化教育学院

活动主题：重阳节登高，体验中国文化

活动内容及流程：

1. 早上7：00在学院门口集合，集体乘校车出行；
2. 介绍中国重阳节的文化、习俗；
3. 集体活动——登栖霞山赏菊；
4. 下午4：00集体乘校车返回学校。

---

98. 下列哪个节日与重阳节的文化意义相似？
    A. 圣诞节　　　　　　　　B. 万圣节
    C. 日本敬老日　　　　　　D. 复活节

99. 如果为本次文化体验活动选择传统食品，最适合的是：
    A. 驴打滚　　　　　　　　B. 芙蓉糕
    C. 五色糕　　　　　　　　D. 醪糟汤圆

100. 下列哪句诗描写的**不是**菊花？
    A. 西风门径含香在，除却陶家到我家。
    B. 宁可抱香枝上老，不随黄叶舞秋风。
    C. 疏影横斜水清浅，暗香浮动月黄昏。
    D. 轻肌弱骨散幽葩，真是青裙两髻丫。

第三部分 综合素质

本部分为情境判断题，共50题。

第101—135题，每组题目由情境及随后的若干条与情境相关的陈述构成，每条陈述都是对情境的一种反应，包括行为、判断、观点或感受等。请先阅读情境，然后根据你对情境的理解，判断你对每条陈述的认同程度，并在答题卡上填涂相应的字母，每个字母代表不同的认同程度。说明如下：

A	B	C	D	E
非常不认同	比较不认同	不确定	比较认同	非常认同

例题：

> 王宏是澳大利亚某孔子学院的老师。他班上的学生大多是当地的成年人，来自不同的社区，其中有一位学生叫Susan，今年48岁，已经有了一个孙子。Susan是一位马拉松爱好者，两天前她刚刚打破了当地的女子马拉松成年组纪录。王宏非常敬佩Susan，课上他对学生们说："作为一位48岁的'年轻奶奶'，能够取得这样的成绩，简直是个奇迹！"没想到，Susan在下课后立即向校方投诉了王宏，说他不尊重学生的隐私。

面对这种情况，如果你是王宏，请你给出对下列陈述的认同程度：

1. 隐私需要尊重，但自己只是想表达对Susan的敬佩，Susan的反应有些过分了。
2. 应该向Susan表达歉意，说明自己的想法，争取Susan的谅解。
3. 经过此事后，应该调整自己的认识，充分尊重他人的隐私。
4. Susan只是一时情绪激动，校方出面做好解释和安抚工作就好，自己再去道歉反而小题大做了。

作答示例：若你对第1题的陈述"比较不认同"，则选择B；若对第2题的陈述"比较认同"，则选择D；若对第3题的陈述"非常认同"，则选择E；若对第4题陈述的认同程度介于"比较不认同"和"比较认同"之间，则选择C。各题之间互不影响。

第101—108题

张老师在俄罗斯某孔子学院任教。主要教初级班口语课、中级班听力课以及高级班阅读课。张老师对口语课和听力课有一定的教学经验,但上阅读课还是第一次。在上了两周阅读课以后,他总体感觉还不错。一天,院长找张老师谈话,告诉他高级班学生反映他的阅读课上得不好,上课很枯燥、无聊,张老师感到很吃惊。

面对这种情况,如果你是张老师,请你给出对下列陈述的认同程度:

101. 上了两周课没感觉到有什么问题,院长得到的信息不准确,不必理会。
102. 高级班学生比初、中级班学生挑剔,要求太多。
103. 对于阅读课,自己还处于摸索阶段,需要有经验的老师给予指导。
104. 整体感觉不错,可能这是个别学生的问题,下次上课了解一下情况。

第三天下午的两节课,院长来高级班听张老师的阅读课。学生对院长的到来比较在意,这节课教学秩序良好。下课后,张老师问院长他的阅读课上得怎么样,院长说他的课比较认真,但是不活跃。对于已经学过两年汉语的学生,汉语字词练习做得比较熟练,在阅读练习方面,张老师确实需要做些调整,并给他提了一些建议。

面对这种情况,如果你是张老师,请你给出对下列陈述的认同程度:

105. 虚心接受院长的建议,注意练习方法的设计,并适时作出调整。
106. 院长所说不全有道理,以后上课还是坚持自己的做法。
107. 暂且考虑一下院长的建议,下次课尝试一下,看看教学效果。
108. 院长所说的有一定道理,应该反思一下自己的教学方法。

第109—116题

刘老师在德国一所大学汉文系负责初级班的中文教学。学生都是零起点的,从未接触过汉语,对他们来说,汉语很艰深神秘。但他们中大部分人都去过中国,对中国很感兴趣。他们学习汉语或为了谋求更好的职业,或想与中国朋友更好地交流。德国人一向以善于思辨著称,上课时,学生特别认真好学,总会提出各种各样与讲课内容不相关的问题,刘老师常常被问题打断。

面对这种情况,如果你是刘老师,请你给出对下列陈述的认同程度:

109. 对学生提出的与讲课内容不相关的问题,直接忽略,不予回应和作答。

110. 学生提出与讲课内容不相关的问题，老师先对学生勤于思考的表现给予表扬，再告诉他们，与上课无关的问题，下课后老师逐一解答。
111. 学生积极提问是好学的表现，老师应该逐一耐心回答，否则会挫伤学生学习的自信心。
112. 制定规则，限制学生提问的数量，超过数量范围的问题不予回答。

> 学生提出的问题林林总总，刘老师发现最让学生感到困难的是汉字。德文是表音文字，汉字是表意文字，两者相差甚远，学生觉得汉字"难写、难认、难记"。他们认为学习汉语以实用为主，学会听说就行了，写并不是最重要的。因此，他们拒绝写汉字。

面对这种情况，如果你是刘老师，请你给出对下列陈述的认同程度：

113. 学生学习汉语以实用为主，只要学会听说就行了，不写汉字也没关系。
114. 人的听说读写技能是不平衡的，要求初级阶段学习者同时做到"四会"既不现实也没必要。
115. 批评学生不写汉字是不对的，严格要求他们认真写汉字，课堂上加大练习写汉字的比重。
116. 汉字教学虽然困难，但不能忽视，要与听说同步。

第117—128题

> 陈老师在国外一所小学担任中文教师。学生在上课时，气氛宽松，课堂散漫，注意力集中时间短，小学课堂更是如此。小学生年龄小，上课好动、爱吃东西，有的学生在老师讲课或其他学生回答问题时，总是说话，有的学生甚至不听别人讲话。学生这种行为严重扰乱了课堂秩序，对此，陈老师很苦恼。

面对这种情况，如果你是陈老师，请你给出对下列陈述的认同程度：

117. 学生很没礼貌，不知道尊重别人。
118. 这种情况在国外的课堂上很正常，习惯就好了。
119. 提醒学生不要随便讲话，否则会浪费很多教学时间。
120. 写入班级规则，时刻提醒和告诫学生，让学生养成别人说话时自己不说话的习惯。

> 班里有一个名叫 Mike 的学生特别爱说话，上课不听讲，小动作不断，总爱找别人聊天儿。为了帮助他理解课堂上所学的知识，复习在学校学习的内容，下课时，陈老师只给他一个人布置了一点儿作业，其他学生都笑了，Mike 显得很不自在。

面对这种情况，如果你是陈老师，请你给出对下列陈述的认同程度：

121. 批评其他学生"幸灾乐祸"，告诉他们这样做不对。
122. 布置作业有利于帮助 Mike 提高成绩，没什么问题。
123. 就一点儿作业，Mike 应该不会在意的，如果在意，他应该会提出来的。
124. 询问 Mike 能否接受，让他自己决定要不要做家庭作业。

> 第二天，Mike 的妈妈来向学校领导反映陈老师给她的孩子布置了很多作业。孩子在学校学习压力已经很大了，回家还要做那么多作业，严重占用了学生的课外时间，对此家长很不满。当校领导告诉陈老师时，陈老师觉得她这样做也是为了学生好，而且就一点点作业，花不了多长时间。她很不理解家长的做法，觉得十分委屈。

面对这种情况，如果你是陈老师，请你给出对下列陈述的认同程度：

125. 向其他同事咨询一下情况，找出家长生气的原因，并做好道歉准备。
126. 家长直接找校领导，说明问题很严重。
127. 及时与家长进行沟通解释。
128. 询问学生，了解事情缘由。

第 129—132 题

> 王老师在韩国某高中教授中文。他与一名韩方老师搭档共同合作完成课堂教学。韩方老师主要负责汉字读写教学，王老师负责练习学生的听说能力。上了几次课以后，王老师的搭档总说她有事情，请王老师帮忙，让王老师一个人承担整个课堂教学任务。久而久之，王老师觉得自己的工作压力太大了，但又不知道该怎么办。

面对这种情况，如果你是王老师，请你给出对下列陈述的认同程度：

129. 既然已经答应了，就要坚持，尽力做到最好。
130. 给自己造成了很大的工作负担，找学校领导反映情况。
131. 与搭档进行沟通，表明自己的压力，让她自己承担自己的教学任务。
132. 默默承受工作压力，直到搭档自己来上课。

第133—135题

> 李老师在菲律宾一所公立小学担任中文教师。一次上课后，李老师按照上节课课后作业安排，让学生拿出听写本，听写上节课重点生词。话音刚落，就听到学生说："没有，没说。"李老师又问了一遍，学生还是说没有。李老师指着黑板上字迹未擦干净的作业栏又强调了一遍，学生还是一直说没有。李老师很生气，学生总是喜欢撒谎，以为这就是开玩笑。

面对这种情况，如果你是李老师，请你给出对下列陈述的认同程度：

133. 批评学生撒谎是不好的行为，告诫他们要诚实。
134. 忽略学生撒谎行为，命令学生拿出听写本，继续听写生词。
135. 告诉学生不要撒谎，并制定撒谎的惩罚办法，让学生认识到撒谎是不对的。

第136—150题，每题由一个情境和四个与情境相关的陈述构成，每个陈述都是对这个情境的一种反应，包括行为、判断、观点或感受等。请先阅读情境，然后根据你对情境的理解，从ABCD四个陈述中选出你认为在此情境下最合适的反应和最不合适的反应，并在答题卡上按照先后顺序填涂答案。

例题：

> 李敏在日本一所学校教中文。刚到日本时，她选择与一位日本同事合租公寓。日本对垃圾分类有严格的要求，虽然李敏很注意垃圾的分类，但由于之前并没有这方面的经验，所以还是经常弄错，甚至导致邻居投诉。室友也多次因此事指责她，言语之间甚至认为李敏没有素质。

面对这种情况，你认为最合适的选择是（　　），最不合适的选择是（　　）。

A. 被室友和邻居误解太没面子了，须尽快从中国同事那里学习垃圾分类的技巧。
B. 主动向室友和邻居道歉，说明原委，并向室友寻求帮助，向她学习垃圾分类的方法。
C. 鉴于和室友以及邻居目前的关系不太好，还是尽快找中国同事合住，以便度过适应期。
D. 无须多解释，自己努力学习如何处理垃圾，在不与室友和邻居发生冲突的情况下解决问题。

作答示例：最合适 B　最不合适 C

第136题

张璐被派到非洲某学校负责中文教学。一次假期，张璐正好碰到了一位非洲的男同事开米。开米微笑着跟她打招呼："嗨！张璐！好久不见，最近怎么样？"她微笑着回答道："最近过得还可以，你呢？"开米说："很好啊！来抱抱吧！"当开米说出这句话时，张璐的笑容却瞬间消失了，气氛变得有点儿尴尬，张璐一时有点儿不知所措。

面对这种情况，你认为最合适的选择是（ ），最不合适的选择是（ ）。

A. 为了让气氛不再这么尴尬下去，以一会儿还有事情为由跟开米说再见。

B. 直接拒绝并向开米解释中国的传统文化里男女授受不亲。

C. 这是在非洲，应当入乡随俗，勉强自己接受开米的拥抱。

D. 这是对朋友的一种热情，而并非其他，所以可以给他一个热情的拥抱。

第137题

乔欣是新近外派到俄罗斯的中文教师，在正式上课之前要先去听课学习。有一次，她去听口语课，听了一名俄罗斯女生丽萨的演讲，觉得这个女孩儿是一个很认真并且有思想的人。课间，乔欣微笑着对丽萨说："你好，丽萨！你的演讲真棒！"说完，乔欣还对她竖了一个大拇指。可丽萨仅仅是含蓄地点了一下头，没有说任何一个字，这让乔欣觉得很尴尬。

面对这种情况，你认为最合适的选择是（ ），最不合适的选择是（ ）。

A. 可以从其他方式切入聊天儿话题，让聊天儿愉快地进行下去。

B. 丽萨这样做很不礼貌，不要再和她说话了。

C. 丽萨这样做可能是自己做得不合适，询问丽萨自己是不是说错话了。

D. 丽萨并没有想要继续聊天儿的意思，应该微笑着结束聊天儿，回去思考自己的失误在哪里。

第138题

刘颖在一所泰国学校任教。按照当地的习俗，6月各个学校可以选择任何一个星期四为"拜师节"。节日当天，学生需要向教师行跪拜大礼，并向教师献上自己亲手做的手捧花。但是刘颖认为自己比学生也大不了几岁，接受这样的大礼比较尴尬。

面对这种情况，你认为最合适的选择是（ ），最不合适的选择是（ ）。

A. 可以跟学校领导说明情况，他们会理解自己的。

B. 如果自己不能完全融入泰国的环境中，会让大家觉得自己不合群，所以还是参加为好。

C. 跪拜只是当地表现尊敬的一种礼节形式，不应过分地看重，对于节日应欣然接受，并认真对待。

D. 自己确实难以适应这样的场面，但是不能伤害学生的感情，到时可以以生病等理由请假。

第139题

> 刘敏是一位派往泰国的女性教师，她所在的泰国学校有僧侣在校任教。一位僧侣教师对汉语很感兴趣，所以两个人成了朋友。一次外出，刘敏在公交车上看到该僧侣教师所坐的双人座位上另外一个位置空着，就热情地坐了过去，但是这位僧侣教师却有些诧异地看了刘敏一眼，似乎并不高兴。

面对这种情况，你认为最合适的选择是（　　），最不合适的选择是（　　）。

A. 自己的行为没有什么不妥，别人太敏感了。

B. 这位僧侣教师不喜欢自己，还是少和他接触为妙。

C. 和这位僧侣教师说明自己这样做是热情的表现。

D. 自己无意中可能作出了不尊重别人的举动，应当道歉。

第140题

> 小米是外派到韩国的一名中文教师，为了与当地的学生和同事尽快熟悉起来，小米平时见到他们会热情地打招呼："去哪儿啊？""吃饭了吗？""干吗去？"可是慢慢地小米发现他们并不愿意回应自己。

面对这种情况，你认为最合适的选择是（　　），最不合适的选择是（　　）。

A. 自己还不够热情，应该更热情一些。

B. 这些日常的口语在韩国人看来都是个人的隐私，不应当询问。

C. 他们听不懂汉语，下次应该用韩语表达。

D. 学会针对不同地位、身份和年龄的人选择不同的招呼语。

第 141 题

> 小李带着三岁的女儿一起到美国教中文。一次，小李的女儿和美国同事的孩子玩耍时打了美国同事的孩子。为了教训自己的孩子，小李当场打了女儿，却遭到了同事的指责，说她虐待孩子。

面对这种情况，你认为最合适的选择是（ ），最不合适的选择是（ ）。

A. 孩子打架做错了事，批评教育孩子是有教养的表现。

B. 中西方教育方式不同，不用理会同事的看法。

C. 自己的行为可能会影响到自己的工作，以后对孩子不能当众打骂。

D. 向同事解释中国文化以及中国家长教育孩子的方式。

第 142 题

> 雨佳在西班牙的一所学校任中文教师，活泼开朗的她很快和西班牙本土姑娘露丝成了好朋友，但是两人在约定外出时，露丝每次都会迟到一段时间。对此，雨佳心里有一点儿不满，但为了不伤害双方的感情，她并没有直接指出。但露丝察觉到了雨佳的不满，非常不理解她为什么为此生气。

面对这种情况，你认为最合适的选择是（ ），最不合适的选择是（ ）。

A. 迟到是一种不尊重人的表现，所以露丝其实并不尊重自己。

B. 好朋友应该敞开心扉，直接告诉露丝她不守时的行为让自己很生气。

C. 不能伤害和露丝的感情，所以应该继续忍耐。

D. 迟到并不意味着不尊重，而准时到达也并不一定是美德。

第 143 题

> 张帆是一名志愿者，在秘鲁一所中学教中文。他的课与上一节课之间没有休息。张帆发现由于教学任务没有完成，上一节课的本土教师时常会延长课时。因为没有课间的缓冲，自己的课经常会受到影响。但是，本土教师对占用自己的课时并不感到亏欠，这让张帆很气恼。

面对这种情况，你认为最合适的选择是（ ），最不合适的选择是（ ）。

A. 向上级领导反映情况，请求把自己的课调到其他时段。

B. 和上一节课的本土教师沟通，诚恳地说出自己的苦恼。

C. 可以灵活地临时缩减任务，这是一个对大家都好的办法。

D. 接受他们的习惯，并适时地调整一下速度，完成自己既定的课堂任务。

第144题

> 张彤被派到吉尔吉斯斯坦一所学校担任中文教师。她觉得学生们并不尊重她，因为在课堂上，有的学生说"出去一分钟"之后可能整堂课都不会再出现，有些学生会一个月不来上课，甚至有一名学生为缓解家庭生活压力，一个学期都在俄罗斯打工赚钱。对此，张彤很苦恼。

面对这种情况，你认为最合适的选择是（   ），最不合适的选择是（   ）。

A. 第一节课就和学生强调自己对纪律的要求，告诉他们旷课的严重性。

B. 作为外来教师应当向校方反映这种情况，寻求校方的支持与帮助。

C. 和学生深入谈心，了解他们的想法，并帮他们解决难题。

D. 应以人际关系的和谐为重，准时或不准时是次要的事，甚至不是问题。

第145题

> 齐星通过选拔被派往泰国，成为一名国际中文教师志愿者。活泼开朗的她对泰国的生活满怀憧憬，但是她却发现学校来接她的人员很冷漠，全程无交流。第一天到学校上班似乎每个学生和老师对她也很冷漠，这和她印象中热情好客的泰国人差距太大。

面对这种情况，你认为最合适的选择是（   ），最不合适的选择是（   ）。

A. 一定是自己做错了什么，所以要找人问清楚，避免以后再犯错。

B. 这是正常现象，不要太过敏感，自然而然就好。

C. 注意观察本土老师怎样做，尝试按照当地人的方式来进行交际。

D. 要注意自己每一个细微的言行举止，努力讨每一个人喜欢。

第146题

> 宋宁到韩国做中文教师。她是个急性子，吃饭速度非常快，从中学时代起就喜欢抓紧时间一个人吃饭。有一天她正一个人吃饭，正好碰到了几个平时喜欢和自己开玩笑的学生。学生们问宋宁为什么一个人吃饭，是因为没有朋友吗？这让宋宁很尴尬。

面对这种情况，你认为最合适的选择是（   ），最不合适的选择是（   ）。

A. 耐心地和学生们解释，这是自己的习惯。

B. 告诉学生在中国一个人吃饭很正常，而且很普遍，一个人吃饭并不代表人缘儿不好。

C. 应该入乡随俗，毕竟是身在韩国而不是中国。

D. 学生是在开玩笑，一笑而过就好，不要太敏感。

第147题

> 小悠在日本一所学校教中文，但是她对与同事之间的关系感到很不适应。教研组里有什么活动，她总是积极发言，表达出自己的看法，后来渐渐发现日本的同事们都疏远她，还说她"中国人脸皮真厚"。

面对这种情况，你认为最合适的选择是（　），最不合适的选择是（　）。

A. 一定是自己什么地方让同事们生气了，要赶紧向他们道歉。

B. 可能是因为自己的工作能力强，遭到了日本同事的嫉妒。

C. 自己的做法是正确的，不用理会别人的看法。

D. 向同事解释，中国人很谦虚，同时也喜欢表现自己以形成自我肯定。

第148题

> 杨婷在土库曼斯坦的一所学校教中文。假期过后，她和一名中国的男同事一起返校，碰到了一个活泼可爱的男同学迪文。迪文以拥抱的方式和男同事问好，杨婷也想上前拥抱迪文，可是迪文拒绝了，杨婷觉得很尴尬。

面对这种情况，你认为最合适的选择是（　），最不合适的选择是（　）。

A. 可能是迪文和同事的关系更好一些，是自己太敏感了。

B. 迪文可能知道中国的"男女授受不亲"，这是对自己的尊重。

C. 迪文不喜欢自己，所以以后一定要注意不要和迪文发生冲突。

D. 可能是男生之间才能使用这种方式，向本地人了解不同性别打招呼的方式。

第149—150题

> 小白到韩国教中文，有一次她买了一件非常漂亮又很贵重的衣服。她喜欢得不得了，就连着穿了两天，结果在课堂上有的学生问小白是不是前一天晚上没回家，还有学生问她是不是没洗澡，学生们的反应引发了小白的思考。

面对这种情况，你认为最合适的选择是（　），最不合适的选择是（　）。

A. 告诉学生们实际情况，说明自己很喜欢这件衣服。

B. 平时多跟韩国学生以及韩国同事交流，进一步了解他们对于仪表的一些观念。

C. 和学生们探讨中韩两国对于仪表的一些看法，尽量求同存异。

D. 自己是中国人，不是韩国人，没有必要非得按韩国人的习惯去改变自己。

> 小白上课非常认真，每节课都要一字一句带着学生练习发音。有一次，在教"你吃饭了吗"这句日常问候语时，好多学生不愿意读，个别学生一边读一边笑。小白觉得学生不够尊重自己，心里不是很舒服。

面对这种情况，你认为最合适的选择是（   ），最不合适的选择是（   ）。

A. 要从自己身上找原因，应该是自己的发音或者哪个举动不合适才引起学生发笑。

B. 韩国人打招呼的方式和中国人差异比较大，学生不易接受是正常的。

C. 课下要及时找学生沟通，问清缘由，还可跟同事交流此事。

D. 课堂上的问题要立即解决，直接询问学生在笑什么。

《国际中文教师证书》考试

仿真预测试卷二

注 意

一、本试卷分三部分：
    1. 基础知识 50 题
    2. 应用能力 50 题
    3. 综合素质 50 题

二、请将全部试题答案用铅笔填涂到答题卡上。

三、全部考试约 155 分钟（含 5 分钟填涂答题卡时间）。

第一部分　基础知识

第 1－7 题

> 枯藤老树昏鸦，小桥流水人家。
> 古道西风瘦马。夕阳西下，(1) 断肠人在天涯。

1. 句（1）中出现了音位/a/的几个变体？
   A. 1　　　B. 2　　　C. 3　　　D. 4

2. 从结构上说，"藤"属于：
   A. 上下结构　　B. 半包围结构　　C. 上中下结构　　D. 左右结构

3. 下列造字法相同的一组是：
   A. 马 昏　　B. 藤 鸦　　C. 小 家　　D. 断 涯

4. 下列哪个字与"藤"的音节结构相同？
   A. 桥　　　B. 昏　　　C. 鸦　　　D. 肠

5. 下列哪项的"下"是动词？
   A. 下人　　B. 快下车　　C. 下个月　　D. 敲了几下

6. 下列哪个词中"道"的义项跟其他几项**不一样**？
   A. 公道　　B. 天道　　C. 坐而论道　　D. 生财有道

7. "在"的声母属于：
   A. 舌尖前、送气、清、塞擦音　　B. 舌尖前、不送气、清、塞擦音
   C. 舌尖后、不送气、浊、擦音　　D. 舌尖后、不送气、清、擦音

第 8－12 题

> 不快乐的女孩子，请你要行动呀！不要依赖他人给你快乐。你先去将房间布置起来，提起精神去做，会发觉事情没有你想象的那么难，而且，兴趣是可以寻求的，东试试西试试，(1) 只要心中认定喜欢的，便去培养它，成为下班之后的消遣。

8. "不快乐"中"不"的读音与下列哪项中的相同？
   A. 不知不觉　　B. 不法之徒　　C. 不速之客　　D. 不安宁

9. 下列哪个词与"行动"一词的构词类型相同？
   A. 微笑　　　B. 革命　　　C. 削弱　　　D. 研究

10. 现代汉语中"强"除了"qiáng"这个音外，还有几种发音？
    A. 0   B. 1   C. 2   D. 3

11. "你先去将房间布置起来"中，"将"的第五笔是：
    A. 点   B. 撇   C. 横   D. 横撇

12. 句（1）是：
    A. 条件复句   B. 假设复句   C. 让步复句   D. 因果复句

第13—17题

"有"是一个多义词。请从 A—G 中选出下列词语中"有"所对应的义项，其中有两个多余选项。

13. 情况有变化 _____
14. 有问题 _____
15. 水有一丈多深 _____
16. 有学问 _____
17. 他有一本书 _____

A. 表示存在
B. 表示领有
C. 表示发生或出现
D. 表示估量或比较
E. 表示领有的东西多
F. 用在某些动词前表示客气
G. 表示不定指，与"某"相近

第18—22题

请选出下列每组词所对应的术语，在 A—G 中进行选择，其中有两个多余选项。

18. 老师 老板 阿姨 老虎
19. 弥漫 蝙蝠 玫瑰 吩咐
20. 人大 文艺 化工 政协
21. 引擎 香波 黑客 葡萄
22. 爸爸 星星 偏偏 恰恰

18. _____
19. _____
20. _____
21. _____
22. _____

A. 联绵词
B. 音译词
C. 前缀派生词
D. 缩略词
E. 口语词
F. 拟音词
G. 重叠词

第 23—25 题

> 曲曲折折的荷塘上面，弥望的是田田的叶子。叶子出水很高，像亭亭的舞女的裙。（1）层层的叶子中间，零星地点缀着些白花，有袅娜地开着的，有羞涩地打着朵儿的；正如一粒粒的明珠，又如碧天里的星星，又如刚出浴的美人。（2）微风过处，送来缕缕清香，仿佛远处高楼上渺茫的歌声似的。这时候叶子与花也有一丝的颤动，像闪电般，霎时传过荷塘的那边去了。叶子本是肩并肩密密地挨着，这便宛然有了一道凝碧的波痕。叶子底下是脉脉的流水，遮住了，不能见一些颜色；而叶子却更见风致了。
>
> 选自朱自清《荷塘月色》

23. 下面对句（1）的句式描述正确的是：
    A. 连动句   B. 存现句
    C. 非主谓句   D. 数量宾语句

24. 句（2）采用的修辞方法是：
    A. 比喻   B. 比拟
    C. 通感   D. 借代

25. 从词汇来源的角度看，下列哪一项与"闪电"不同？
    A. 湖泊   B. 天空
    C. 楼花   D. 收割

第 26—32 题

贝贝：莉莉，明天你有时间吗？我们一起去看电影吧？
莉莉：好啊，那我们明天几点出发？
贝贝：五点半可以吗？我在学校西门等你。
莉莉：好，那我们不见不散。
（第二天晚上）
贝贝：现在正是下班高峰期，公共汽车肯定上不去，我们还是打的去吧。
莉莉：好吧，现在去买得到票吗？
贝贝：(1) 买得到。
莉莉：(2) 买得到的话，就买前十排的吧，(3) 我眼睛不好，坐得远可能看不清楚。
（在剧场）
贝贝：(4) 前十排的票都卖完了，我应该提前想到的，都怪我，我买了两张十一排的，你看行不行？
莉莉：可以，快开演了，咱们赶快进去吧。
贝贝：我把包存在这儿，你的东西要不要放在包里？
莉莉：这里边有点儿热，我得把外套脱下来，你的包放得下吗？
贝贝：(5) 把我包里昨天买的"龙井"拿出来的话，可能放得下……好，装进去了。
莉莉：咱们进去吧。

26. 句 (1) 中 "买得到" 属于：
   A. 情态补语　　　　　　B. 结果补语
   C. 程度补语　　　　　　D. 可能补语

27. 下列哪项与句 (2) 中 "就" 的意义和用法相同？
   A. 不同意的话就算了。
   B. 我吃完饭就过去找你。
   C. 就我们三个人去参加晚会。
   D. 他这人聪明，什么东西都一学就会。

28. 句 (3) "我眼睛不好" 属于：
   A. 周遍性主谓谓语句
   B. 领属性主谓谓语句
   C. 关涉性主谓谓语句
   D. 受事性主谓谓语句

29. 句（4）中"我应该提前想到的"和"我买了两张十一排的"中的"的"分别是：
   A. 结构助词；结构助词
   B. 语气词；语气词
   C. 结构助词；语气词
   D. 语气词；结构助词

30. 学完课文后，教师拿出一些与课文相关的图片，请学生们用课文中的句子进行对话。这种练习方式属于：
   A. 机械性练习　　　　　　B. 扩展性练习
   C. 交际性练习　　　　　　D. 无意义练习

31. 这篇对话共有多少个话轮？
   A. 14　　　　　　　　　　B. 7
   C. 3　　　　　　　　　　 D. 6

32. 句（5）中"龙井"运用了借代的辞格，属于哪种类型的借代？
   A. 成分借代　　　　　　　B. 特征借代
   C. 品牌借代　　　　　　　D. 地名借代

第33—38题

那天，(1) 我和朋友骑车去图书城。回来的路上，我一下子就摔倒了。(2) 还没有意识到自己出了什么事，人们马上把我小心地扶起来，有人还拦了一辆车，大家七手八脚地把我和朋友扶上车。司机也是个热心人，一路上不时地回头看我们，还不停地安慰我。到了医院，他小心翼翼地把我背到急诊室。检查以后，大夫说我小腿骨折了，给我的小腿打上了石膏。带着痛苦的心情，我坐车回到学校。

(3) 这个消息很快在班级传开了。老师和同学们听说后都来看我。我们班的李老师见我躺在床上不能动，就非要我住到她家去不可。起初我怕给老师添麻烦，不肯去，但老师说："千万别客气，你就把老师家当作自己的家吧。"(4) 老师说服了我，我只好答应了。

不管什么时候回忆起这段往事，(5) 我都由衷地感谢那些叫不出姓名的人。他们乐于助人的精神使我难忘。现在每当朋友问我："你这次去中国留学的体会是什么？你对那里的印象怎么样？"我都会毫不犹豫地回答："这次留学给我的印象很深刻。(6) 我不敢说中国的人们个个都好，但我从自己的亲身经历中感受到了他们美好的心灵。"

33. 下列选项中对句（1）句型描述正确的是：
 A. 主谓谓语句　　　　　　B. 兼语句
 C. 连动句　　　　　　　　D. 双宾句

34. 下列选项中与句（2）中"还"的用法及意义**不一致**的是：
 A. 我还没说话，他就说知道了。
 B. 还不到半年，大楼就盖好了。
 C. 我还没有上小学的时候，姐姐就已经结婚了。
 D. 他还在图书馆。

35. 下列选项与句（3）中"开"的意义相同的一项是：
 A. 流行性感冒在这里蔓延开了。
 B. 这种事情还是说开了好。
 C. 看得远，想得开。
 D. 一见到亲人他就哭开了。

36. 下列词语与句（4）中"说服"构词方式一致的是：
 A. 动员　　　　B. 过瘾　　　　C. 年轻　　　　D. 压缩

37. 下列选项中"都"的意义与句（5）中"都"的意义一致的是：
 A. 真抱歉，我都忘了你的名字了。
 B. 你都搬不动这东西，我更不行了。

C. 不管刮风还是下雨，我都坚持练习游泳。

D. 这都十点了。

38. 句（6）蕴含的语义关系是：

  A. 让步   B. 递进   C. 假设   D. 转折

第39—43题

> "对比分析"旨在通过对母语和目的语的比较，预测学习者在学习外语时的困难，从而服务于第二语言教学。对比分析出现以后，经历了前经典理论时期和经典理论时期两个重要的阶段。为了使对比分析的预测能够形式化，排除主观因素的干扰，应用语言学家建立了各种难度等级模式，对学习中的难度进行了分类。其中，最著名的就是普拉克特（Practor）所建立的难度等级模式了。

39. 普拉克特难度等级模式将第二语言学习难度由易到难分为零级至五级，哪一级会引起介入性干扰？

  A. 二级   B. 三级   C. 四级   D. 五级

40. 下列哪一著作标志着经典对比分析理论的诞生？

  A. Lado 的《跨文化语言学》 B. James 的《对比分析》

  C. Chomsky 的《句法结构》 D. Whorf 的《技术评论》

41. Oller 和 Ziahosseiny（1970）提出"折中假设"。对"折中假设"的描述**不正确**的是：

  A. 对两种语言的具体的、抽象的语言模式进行分类才应该是学习的基础

  B. 第二语言学习中最大的困难存在于两种语言之间和各语言内部的细微差别

  C. 强调了人类认知模式的实质——人容易忽略细枝末节

  D. 第二语言学习的困难产生的原因完全在于语际的差异

42. 对比分析理论认为，外语学习者学习的障碍主要来自下列哪一因素的干扰？

  A. 中介语   B. 母语

  C. 目的语   D. 教材

43. 对比分析的发展**不体现**在下列哪一方面？

  A. 发现"回避"现象

  B. 提出"相似等级"

  C. 指出干扰是学习者的学习策略

  D. 把微观的对比发展为宏观的对比

第 44—47 题

> 20 世纪 60 年代后期，人们在认识到偏误分析和对比分析的局限之后，试图寻找一种新的理论来全面地反映和解释学习者的语言系统。20 世纪 70 年代，中介语理论的提出，从根本上改变了第二语言习得研究的方向，奠定了第二语言习得研究的理论基础。

44. 下列关于中介语的说法**不正确**的是：
    A. 中介语的偏误具有反复性
    B. 中介语中所存在的偏误都是错误的
    C. 中介语呈现出一定的阶段性
    D. 对目的语规则的过度概括会产生中介语

45. Nemser 曾经提出关于中介语的理论假设——"近似系统"。下列哪个**不是**近似系统特定时间的定型产物？
    A. 移民语言   B. 个体方言
    C. 学习者的洋泾浜   D. 地方方言

46. Selinker 用五个"中心过程"来描述第二语言学习者的"潜在心理结构"，其中**不是**中介语产生的直接因素的是：
    A. 第二语言学习策略   B. 训练造成的迁移
    C. 目的语语言材料的泛化 D. 语言迁移

47. 语言变异在中介语中大量存在。Tarone 将中介语系统看作一个由不同语体风格构成的连续体，该理论认为造成语体变异的原因是：
    A. 上下文语境   B. 情景语境
    C. 心理语言语境   D. 自由变异

第 48—50 题

> 用长材料写短篇小说并不吃亏，因为要从足够写十几万字的事实中提出一段来，当然是提出那最好的一段，就是（1）宁吃仙桃一口，不吃烂杏一筐了。相反，如果（2）眉毛胡子一把抓，反而写出的文章没有主次，冗长无味。

48. 画线部分（1）中的"宁"的调值为：
    A. 55   B. 35   C. 214   D. 51

49. 画线部分（1）运用了什么辞格？
    A. 比喻，对偶　　　　　　　B. 夸张，对偶
    C. 比拟，双关　　　　　　　D. 比喻，双关

50. 画线部分（2）属于熟语系统中的哪一类型？
    A. 成语　　　　　　　　　　B. 谚语
    C. 惯用语　　　　　　　　　D. 歇后语

第二部分 应用能力

第 51—55 题

在中高级词汇教学中，可以引导学生从多个角度进行近义词辨析。请从 A—F 中选出下列各种说法对应的角度，其中有一个多余选项。

> 51. "鼓动"是褒义词，"发动"是中性词，"煽动"是贬义词。
> 52. "生日"常用于口语，"诞辰"常用于书面语。
> 53. "聪明"是形容词，"智慧"是名词。
> 54. "战术"表示战略的过程，即执行战略的方法；"战略"指军事将领指挥军队作战的谋略。
> 55. "废除"指除去不合理或无用的抽象事物，如制度、法令、特权等；"解除"指除去束缚或困扰身心的事物，如束缚、痛苦、危险、警报等。

51. _____
52. _____
53. _____
54. _____
55. _____

> A. 语体色彩差异
> B. 词性不同
> C. 感情色彩差异
> D. 搭配对象不同
> E. 适用范围不同
> F. 雅俗色彩差异

第 56—60 题

> 文章：嗨，思琪！准备去哪儿呢？
> 思琪：我正要去图书馆借两本书看看。
> 文章：下午你有空吗？我们一起去体育馆打乒乓球吧。
> 思琪：我不会打乒乓球啊。要不，我们去打网球吧？
> 文章：可是我网球打得不好。
> 思琪：那让我想想啊……
> 文章：对了，最近新出了一部科幻电影，要不我们下午去奥康街看电影吧。
> 思琪：好主意！我先回家拿个东西。
> 文章：嗯，好的。我在前面的路口等你。
> 思琪：就这样说定了，不见不散。

56. 这堂课适用于什么阶段的学生？
　　A. 初级水平　　B. 中级水平　　C. 高级水平　　D. 无法确定

57. 本课需要重点讲练的语法点是：
   A. 疑问句　　B. 连动句　　C. 否定句　　D. 情态补语

58. 下列哪个问题适合做本节口语课的话题导入？
   A. 你们喜欢看电影吗？
   B. 口语表达中应该怎么提建议？
   C. 你们觉得打球和看电影哪个活动比较好？
   D. 课余时你们一般喜欢做什么？

59. 口语技能课中简单的成段表达训练**不包括**下列哪种练习？
   A. 看图说话　　　　B. 复述短文
   C. 连句成段　　　　D. 给情境造句

60. 根据本课课文难度，下列哪个词语**不必**进行注释？
   A. 准备　　　　　　B. 最近
   C. 图书馆　　　　　D. 不见不散

第 61—65 题

请将学习任务与相对应的学习结果进行匹配。

61. 学习制作黑板报。
62. 设计出一个"文字游戏"，以便在课堂教学中应用。
63. 传达在课堂测验中的注意事项。
64. 理解性阅读报名网站中的有效信息。
65. 观看纪录片有所感悟。

61. _____
62. _____
63. _____
64. _____
65. _____

A. 态度
B. 言语信息
C. 智慧技能
D. 认知策略
E. 动作技能

第 66—70 题

> A：你们来了！快请进。喝点儿什么？
> B：喝茶吧。您的书房很有特色：墙上挂着中国字画，书架上放着这么多古书，桌上放着文房四宝，外边还整整齐齐地摆着这么多花儿，还有盆景呢。这些花儿真漂亮，都是您种的吗？
> A：不，都是买的。不过它们在我这儿长得越来越好，现在也开花儿了。
> B：这叫君子兰吧？长长的绿叶，红红的花儿，真好看。我明天下了课就去买盆花儿，摆在宿舍里。

66. 根据本课课文内容，教师应确定本课的知识目标为：
    A. 学生能够流利地朗读课文
    B. 学生能够掌握疑问句的用法
    C. 学生能够掌握"着"的语义特征和用法
    D. 学生能够掌握存现句的语义特征和用法

67. 教师为课文中的"着"设计例句，其中最恰当的例句是：
    A. 天空中盘旋着一架直升飞机
    B. 船头上飘扬着一面红旗
    C. 大街上跑着一辆汽车
    D. 桌上放着一只花瓶

68. 按照《国际中文教育中文水平等级标准》，"特色"属于几级词汇？
    A. 一级 B. 二级 C. 三级 D. 四级

69. 与"文房四宝"具有相同构词方式的成语是：
    A. 面目可憎 B. 近水楼台
    C. 好为人师 D. 药到病除

70. 教材中的练习以句式变换为主，学生们觉得比较单调乏味。教师最恰当的处理方式是：
    A. 减少练习的数量 B. 降低练习的难度
    C. 变换练习的先后顺序 D. 调整练习的形式

第 71—75 题

> 张老师为了让学生学会询问、表达喜欢的植物，设计了以下教学活动：
> 将植物图片按顺序贴到黑板上，利用道具点缀成植物园。教师利用动作和图片展示生词，并带领学生一边朗读一边做动作，加深记忆。让学生佩戴自己喜欢的植物饰品，然后点明植物饰品，听到植物名字，佩戴相关饰品的学生站起来重复名称。带领学生上台进行"植物蹲"比赛，提问"你喜欢什么植物"，引导学生说"我喜欢……""我也喜欢……"并让学生相互提问。最后带领学生将本课生词、句子编成歌，并让学生仿照课文写一小段话。

71. 本课教学活动最适合哪类学习者？
    A. 初级水平的大学生　　　　　B. 中级水平的大学生
    C. 初级水平的小学生　　　　　D. 中级水平的小学生

72. 汉语作为外语教学的基本方式和中心环节是：
    A. 活动游戏　　　　　　　　　B. 口语训练
    C. 课堂教学　　　　　　　　　D. 技能训练

73. 教师边做动作边带领学生朗读学习植物的汉语名称，这种方法属于：
    A. 听说法　　　　　　　　　　B. 暗示法
    C. 全身反应法　　　　　　　　D. 直接法

74. 根据以上描述，本次教学活动可以划分为几个基本环节？
    A. 3　　　　B. 4　　　　C. 5　　　　D. 6

75. 教师请学生做动作、说生词，这种练习方式属于：
    A. 有意义练习　　　　　　　　B. 机械性练习
    C. 任务型活动　　　　　　　　D. 流利性练习

第76—79题

以下材料是某大学国际文化教育学院中级汉语水平学生期末考试试卷结构。

题型	题型说明	数量	分值
写汉字	根据题意在每个空中写出一个汉字	20	10
词语搭配	根据提示，填写与之最为搭配的词语	20	10
（1）	将所给词语填入合适的句子中	20	20
（2）	将所给词语整理成正确的句子	5	10
解释词语	解释画线的词语在句子中的意思	10	10
完成句子	用括号中所给词语将句子补充完整	10	15
阅读理解	读完课文之后判断所给说法的正误	5	5
	读后选择正确的答案	5	5
写作	根据主题和所给提示词写一段话	1	15
总计		96	100

例题：该院对4000多名大学生做了一项调查，内容包括从小学到大学的投资，包括"衣食住行"及"考研、考证、考公务员"等多个层面。结果显示，16年里，父母为孩子花费15万元左右的占51%，30万以上的占2%。以现阶段我国一般大学毕业生的平均月收入1600元计算，那至少要7~8年才能补偿父母15万左右的教育支出。

☆根据调查，从小学到大学，为孩子上学花费30万以上的家长占整体的百分比是多少？

A. 2%　　　B. 30%　　　C. 42%　　　D. 51%

76. 案例中的例题主要考查的是：
 A. 按要求查找信息　　　B. 词语理解与运用
 C. 作者意图的推断　　　D. 语段理解与概括

77. （1）的题型是什么？（2）的题型是什么？
 A. 连词成句；完形填空　　　B. 选词填空；连词成句
 C. 选词填空；连句成段　　　D. 连词成句；选词填空

78. 下列因素中，哪一因素**不影响**测试的信度？
 A. 测试的目的不明确，需要考什么不清楚
 B. 受试者水平非常接近
 C. 同一考试的不同试卷的试题差异很大
 D. 题量太小

79. 试题的区分度是指试题能区分受试者水平差异的程度。下列关于区分度计算的说法，哪一项是**错误**的？

   A. 一般按考生分数排列，将27%最高分的和27%最低分的分别作为高分组和低分组

   B. 一道题如果高分组答对了，低分组答错了，那么这道题有较好的区分度；反之，则没有区分度

   C. 当考生分数排列较正态分布平坦时，高低分组的比率约为33%

   D. 区分度的计算方法是计算每个题目的双列相关系数（应大于0.25）或点双列相关系数（应大于0.3）

第80—84题

以下材料是某留学生的一篇作文。

> 我认识一个人，他是西方人，今年40岁了。他的身高有一米八多，他的身材很矫健，好像士兵。他长得很帅，他的皮肤是白皙色的，头发金色。(1) 他有一双炯炯有神，双眼皮，他的眼睛是灰色的，还有他一点微笑，他总是光滑的头发。他也有胡子和酒窝。他穿着蓝色球员的衣服，还有一个项链，足球场他非常突出。没有人不认识他，踢球的时候，他喜欢滚到地面，所以让人印象深刻。(2) 他风貌精神抖擞的，因为他是一个世界球员。虽然他不踢球了但是他有很好的声誉。他是大卫·贝克汉姆。

80. 句(1)和句(2)中的偏误，从形式上看，分别属于哪种类型？

   A. 遗漏；错序 B. 替代；错序
   C. 遗漏；添加 D. 替代；添加

81. 从这篇作文中，我们可以看出该生在句子衔接方面存在很大的不足，因此，为提高其写作能力，最适合作为课后写作练习的是：

   A. 表达对某一观点的看法 B. 描写最喜欢的动物
   C. 写一篇读后感 D. 写一个活动通知

82. 对于该生所产生的偏误，教师应该怎样处理最为合适？

   A. 将所有的偏误都一一进行分析，花大量的时间去纠正

   B. 给学生大量的正确语言事实，让学生自己去发现错误，教师不参与纠错

   C. 偏误的存在是正常的，因此，不必进行纠正，时间久了，学生会自行纠正

   D. 将病句分析与纠正作为课堂讲解的一部分，选取典型的内容进行讲解

83. 为更好地让学生提高写作水平，教师采取了复述型练习方法，下列哪种做法**不能**达到较好的效果？

    A. 充分利用图解式手段

    B. 充分利用多媒体动画手段

    C. 对课文进行合理分解，标注生词

    D. 给出关键词让学生直接复述

84. 连词成段是写作训练进阶的常用方法，下列哪项适合作为该生练习人物外貌和动作描写的材料？

    A. 嬉戏　秀气　　　轻盈　苍白　搀扶

    B. 坚强　任劳任怨　大方　爱心　活泼

    C. 阻止　想法　　　粗鲁　武断　洋洋得意

    D. 含蓄　狐假虎威　狡诈　犹豫　阴险

第 85—88 题

> 佛教传入中国，是中外文化交流史上的重大事件，也是对中国社会影响极为深远的文化交融之一。印度佛经传入中国经由两条路线：一条是陆路，即由中亚传入我国新疆地区，然后再深入内陆；另一条是海路，大约到南北朝时期才有著名的译经大师从海路来中国传教。
>
> 印度佛教东传的同时，中国的僧人兴起了西行求法运动。为了寻求佛教真谛，一些僧人不畏艰险，长途跋涉，广求佛典，形成一股热潮。

85. 下列哪位僧人来中国传教是通过海路而来的？

    A. 迦叶摩腾　　B. 竺法兰　　C. 安世高　　D. 达摩

86. 鉴真六次东渡日本，弘扬佛教，为中日文化交流写下光辉一页。鉴真在日本弘扬的是：

    A. 真言宗　　B. 律宗　　C. 天台宗　　D. 禅宗

87. "西行求法"之人中尤以法显成就最大，其代表作是：

    A. 《文镜秘府论》

    B. 《大唐西域记》

    C. 《南海寄归内法传》

    D. 《佛国记》

88. 玄奘为了解佛学底蕴，西行求法，其最终所抵达的国家是：

    A. 印度　　　　　　　　B. 波斯

    C. 日本　　　　　　　　D. 阿富汗

第 89-93 题

请在 A-F 中选出下列描述所对应的一项，其中有一个多余选项。

89. 检查学习者在某一教学阶段是否掌握了教学大纲和教材所规定的教学内容，在学习上取得什么成果。
90. 其理论基础是结构主义语言学，认为语言是由各种成分组成的，掌握一种语言就是掌握这些成分和技能。而这些成分和技能都可以分别进行单项测试，以确定受试者的总体语言能力。
91. 将受试者的个人成绩与集体考试成绩相比较，以决定受试者的成绩在集体中的位置。
92. 不考虑受试者的学历，也不以任何大纲、课程或教材为依据，而是根据语言交际能力的标准或是某一特定任务的要求来命题。
93. 目的在于了解受试者学习第二语言的潜在能力和素质，了解学习者的先天条件。

89. _____
90. _____
91. _____
92. _____
93. _____

A. 学能测试
B. 成绩测试
C. 水平测试
D. 分立式测试
E. 标准参照测试
F. 常模参照测试

第 94—97 题

请从 A—G 中选出下列四幅作品所对应的作者，其中有两个多余选项。

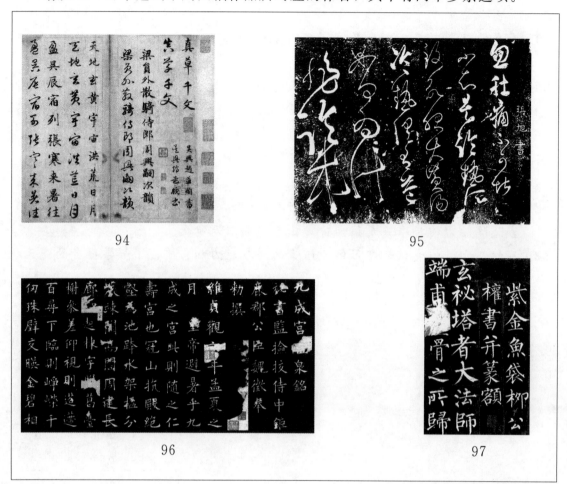

94. _____
95. _____
96. _____
97. _____

A. 欧阳询
B. 颜真卿
C. 张旭
D. 柳公权
E. 怀素
F. 赵孟頫

第 98－100 题

> 　　东风夜放花千树。更吹落，星如雨。宝马雕车香满路。凤箫声动，玉壶光转，一夜鱼龙舞。
> 　　蛾儿雪柳黄金缕，笑语盈盈暗香去。众里寻他千百度，蓦然回首，那人却在，灯火阑珊处。

98. 材料中描写的是我国的哪个传统节日？
    A. 中秋节　　　B. 元宵节　　　C. 重阳节　　　D. 春节

99. 下列选项中，哪个**不属于**该节日的传统美食？
    A. 饺子　　　　　　　　B. 汤圆
    C. 元宵　　　　　　　　D. 春卷

100. 下列哪一节日**未受**佛教的影响？
    A. 元宵节　　　　　　　B. 腊八节
    C. 泼水节　　　　　　　D. 重阳节

第三部分　综合素质

本部分为情境判断题，共50题。

第101—135题，每组题目由情境及随后的若干条与情境相关的陈述构成，每条陈述都是对情境的一种反应，包括行为、判断、观点或感受等。请先阅读情境，然后根据你对情境的理解，判断你对每条陈述的认同程度，并在答题卡上填涂相应的字母，每个字母代表不同的认同程度。说明如下：

A	B	C	D	E
非常不认同	比较不认同	不确定	比较认同	非常认同

例题：

> 王宏是澳大利亚某孔子学院的老师。他班上的学生大多是当地的成年人，来自不同的社区，其中有一位学生叫Susan，今年48岁，已经有了一个孙子。Susan是一位马拉松爱好者，两天前她刚刚打破了当地的女子马拉松成年组纪录。王宏非常敬佩Susan，课上他对学生们说："作为一位48岁的'年轻奶奶'，能够取得这样的成绩，简直是个奇迹！"没想到，Susan在下课后立即向校方投诉了王宏，说他不尊重学生的隐私。

面对这种情况，如果你是王宏，请你给出对下列陈述的认同程度：
1. 隐私需要尊重，但自己只是想表达对Susan的敬佩，Susan的反应有些过分了。
2. 应该向Susan表达歉意，说明自己的想法，争取Susan的谅解。
3. 经过此事后，应该调整自己的认识，充分尊重他人的隐私。
4. Susan只是一时情绪激动，校方出面做好解释和安抚工作就好，自己再去道歉反而小题大做了。

作答示例：若你对第1题的陈述"比较不认同"，则选择B；若对第2题的陈述"比较认同"，则选择D；若对第3题的陈述"非常认同"，则选择E；若对第4题陈述的认同程度介于"比较不认同"和"比较认同"之间，则选择C。各题之间互不影响。

第 101－104 题

> 王老师是孔子学院的一名教师。在一次课上，王老师教班里的学生写自己的名字。有个学生写的自己的姓是瘳。王老师以为这个学生姓廖，于是就纠正他说"廖"应该是广字头而不是病字头。该学生不但没有承认错误，还大声反驳："我以前也这样写，我妈妈也这样写，我以前的老师也这样写。"王老师拿出随手携带的小词典想指给学生看，但恰巧词典里没有收录"廖"这个词，于是这个学生更不服气了，说老师竟然也看词典。

面对这种情况，如果你是王老师，请你给出对下列陈述的认同程度：

101. 该学生不懂尊师重道，以后还是不要重点关注了。
102. 不应该在基础知识不扎实的时候就贸然指正学生，应该立刻向学生道歉。
103. 一次小错没有什么，糊弄过去就可以了，学生应该不会在意。
104. 下次课之前做好一切准备，避免类似的情况再次出现。

第 105－108 题

> 印尼的某三语学校，校方想采用中国传统的识字教学材料《三字经》作为学生们的汉语学习教材。开学第一天校方就接到了家长的投诉信。因为印尼很多家庭信奉基督教，而《三字经》开篇的"人之初，性本善"与基督教的"原罪说"相悖。有的家长甚至在信中提出了废除中文课的要求。

面对这种情况，如果你是中方校长，请你给出对下列陈述的认同程度：

105. 校方应该尊重当地人的宗教信仰，及时更换教材。
106. 学生们来学汉语，不仅要学习语言知识，还要学习文化知识，学校不必理会家长的意见，坚持继续教授《三字经》。
107. 校方在遴选教材之前应全面考察当地的宗教、文化情况，避免出现此类尴尬事件。
108. 校方可以从文化教学的角度劝说家长继续让孩子学习《三字经》。

第109—112题

> 肖老师在新加坡的一所国际学校任教。在汉语数词进位教学中，学生们很难掌握汉语数制四位一段的"万进制"，比如，他们很习惯用"十三千"代替"一万三千"。后来他了解到新加坡普通话中是用"十千"代替"万"的。在以后的教学中，学生强烈呼吁肖老师按照新加坡的方式进行教学。

面对这种情况，如果你是肖老师，请你给出对下列陈述的认同程度：

109. 应该告诉学生，为了培养中文思维，应该按照中文的方式学习"万进制"。
110. 向学生介绍中国"万进制"在计算等方面的优点，改变学生们的观念。
111. 新加坡学生生活中可能不需要用到中国的"万进制"，按他们自己的意愿进行教学就可以。
112. 了解其他中文老师面对此种情况的解决方案，找出最适合学生的教学方法。

第113—116题

> 李老师是加拿大某孔子学院的一名教师，经过一个学期的教学，她基本上已经熟悉了加拿大学生的学习方式。但在期末考试中的一件事却让李老师很是苦恼。在考试中，有个学生指着一个题目说自己不会，让李老师为他解答，并且还说："你是老师，你应该知道，也应该告诉我。"对此，李老师感到左右为难。

面对这种情况，如果你是李老师，请你给出对下列陈述的认同程度：

113. 为了避免与学生之间产生隔阂，应该当场告诉学生答案。
114. 向学生说明，之所以有不会的题目，是因为平时积累不够，让学生明白问题在自己身上。
115. 可以考虑在今后的期末考试之前，为学生指定重点，给学生复习时间。
116. 学生不反思自己的不足，反而要求老师透露答案，应该严令杜绝这种行为。

第117—120题

> 李老师在国内是一位性格开朗、经验丰富的国际中文老师。因为教学成绩出色，李老师被选拔到国外某个公立学校从事国际中文教学。在一次上课时，李老师按照先前的计划推进课程进度，一位学生突然"钻牛角尖"般地开始追问某个语法点问题，李老师解答之后那位学生又紧接着追问，课程节奏被打乱。李老师面对这种情况一时不知所措，只好匆匆解答完问题，草草讲完接下来的内容然后下课了。

面对这种情况，如果你是李老师，请你给出对下列陈述的认同程度：

117. 该学生应该课下进行提问，不停追问会影响教学进度。
118. 该学生似乎是在故意刁难，有意损害自己在全班同学面前的威信。
119. 针对连环问题，自己应该适度解答，对于无法当时解答的部分，可以作为下次课的小任务留给学生们研究，也给自己缓冲的时间。
120. 对于没有意义的问题，要学会适当地拒绝回答，并给出理由。

第121—125题

> 孙老师在欧洲一所语言学校教中文。学生的个性非常鲜明，课堂上经常将课程内容引到其他话题上，有时候甚至会央求孙老师多讲讲有关中国的婚恋、家庭、犯罪、老龄化社会等话题，导致课程经常不能按时完成。孙老师对此很是苦恼。

面对这种情况，如果你是孙老师，请你给出对下列陈述的认同程度：

121. 学生乐于关注中国时事是好事，可以适当调整原有教学计划，多加入学生感兴趣的内容。
122. 学生个性太过鲜明，应该制定严格的课堂规章，减少学生干扰课程进度的次数。
123. 如果学生再次询问感兴趣的话题，应该以友好的方式婉拒，继续上课。
124. 可以在与学生商议后，安排专门的讨论课，对关注的热点问题进行讨论。
125. 可以转变思路，让学生将感兴趣的话题在课下通过邮件等方式发送，最后统一安排时间讲评。

第126—128题

> 李阳被派到国外的一所中学教授中文。最近，他发现班级里的一个学生总是喜欢撒谎。检查作业的时候，这个学生总是说自己忘记带了；有的题目他明明不会做还要告诉老师他已经会了；听写的时候，他总是说老师上节课没有说要听写。李阳对他很无奈。

面对这种情况，如果你是李阳，请你给出对下列陈述的认同程度：

126. 通知这个学生的家长，告诉他们这个学生爱撒谎，让家长进行教育。
127. 当着全班同学的面，对他进行深刻的批评。
128. 将他喊到办公室，告诉他撒谎是不对的，并且警告他，下次再犯就要惩罚他。

第129—132题

> 李曼被派到国外某小学负责中文教学。刚进入教室时，学生到处乱跑乱闹，李曼拼命想拉回他们的注意力，却无济于事。这时，三个本土老师过来，让孩子们坐好，孩子们就乖乖不动了。但是李曼发现，孩子们如此听话并不是因为尊敬这些老师，而是因为惧怕这些老师手里细细的教鞭，一旦他们不听话就会被打。李曼很不能接受这种体罚孩子的行为。在三个本土老师的帮助下，李曼做完了自我介绍。但三位老师一离开，孩子们又开始乱跑乱闹。李曼完全控制不住局面，陷入了迷茫。

面对这种情况，如果你是李曼，请你给出对下列陈述的认同程度：

129. 和本土老师沟通，咨询他们一些关于课堂管理的方法。
130. 去别的班级进行考察，如果发现所有班级都是这样，就不去管这些孩子了，上好自己的课就行。
131. 和当地的老师一样，拿着教鞭上课，对不认真听课的孩子进行体罚。
132. 在教学时，设计一些小游戏来吸引学生。

第 133—135 题

> 王华在国外某小学教授中文。为达到更好的教学效果，使孩子们能够及时复习巩固所学知识，他每次都会给孩子们布置一点点作业。很多孩子都会选择在放学前完成作业交给老师，因为他们不愿意回到家之后还写作业。但是有一位学生从来都不交作业。王华找到他并且告诉他一定要交作业。结果这个学生的家长第二天找到王华说："我们家的孩子已经很辛苦了，为什么还要给他布置作业？"并且这位家长还向校长投诉了他。王华觉得很委屈，布置作业很正常啊，并且自己布置的作业也不多。

面对这种情况，如果你是王华，请你给出对下列陈述的认同程度：

133. 耐心和学生家长解释沟通，告诉他们这是为孩子好，取得他们的理解和支持。
134. 尊重这位家长的意见，不给这位学生布置家庭作业。
135. 与校长沟通，说明教学情况，了解当地的教学习惯，再决定是否留作业。

第 136—150 题，每题由一个情境和四个与情境相关的陈述构成，每个陈述都是对这个情境的一种反应，包括行为、判断、观点或感受等。请先阅读情境，然后根据你对情境的理解，从 ABCD 四个陈述中选出你认为在此情境下最合适的反应和最不合适的反应，并在答题卡上按照先后顺序填涂答案。

例题：

> 李敏在日本一所学校教中文。刚到日本时，她选择与一位日本同事合租公寓。日本对垃圾分类有严格的要求，虽然李敏很注意垃圾的分类，但由于之前并没有这方面的经验，所以还是经常弄错，甚至导致邻居投诉。室友也多次因此事指责她，言语之间甚至认为李敏没有素质。

面对这种情况，你认为最合适的选择是（　），最不合适的选择是（　）。

A. 被室友和邻居误解太没面子了，须尽快从中国同事那里学习垃圾分类的技巧。
B. 主动向室友和邻居道歉，说明原委，并向室友寻求帮助，向她学习垃圾分类的方法。
C. 鉴于和室友以及邻居目前的关系不太好，还是尽快找中国同事合住，以便度过适应期。
D. 无须多解释，自己努力学习如何处理垃圾，在不与室友和邻居发生冲突的情况下解决问题。

作答示例：最合适 B　最不合适 C

第 136 题

> 刘陆被派到菲律宾的某中学负责中文教学。菲律宾的老师都对他特别好，让他倍感亲切。这些老师给予了他许多帮助，也让他深深爱上了这个集体。但是最近的一件事情却让刘陆感到很烦恼。刘陆的住所被安排在操场旁边。最近学校要举行一场活动，每天晚上学生们都会在操场排练到很晚。平时一有什么活动，也都会在操场上排练，并且每次都持续到凌晨。喧哗声让刘陆难以入睡，苦不堪言。

面对这种情况，你认为最合适的选择是（　　），最不合适的选择是（　　）。

A. 向校长反映情况，看能否调整住所或排练时间。
B. 与排练的老师和学生们据理力争，告诉他们自己还要休息，不要打扰自己的休息。
C. 搬出去住，远离这个嘈杂的地方。
D. 看在老师还有学生们都对自己那么好的份儿上，就牺牲一下，默默忍受。

第 137 题

> 李玲被派到国外某中学教中文。刚到国外时，她被安排和一个本土老师住在一起。这个老师对她特别亲切友好。但是有一件事让她感到心里不舒服。她不知道还要自己交水电费这件事。直到三个月后，这个老师拿出一份账单给她，让她支付水电费，并且语气有点儿不好。李玲看到这个老师列出的水电费金额是 178.34 元。她觉得这个老师太小气，把金额精确到那么详细。

面对这种情况，你认为最合适的选择是（　　），最不合适的选择是（　　）。

A. 这个老师也太小气了，金额那么精确，给她 178 算了。
B. 这个老师算账也不太容易，况且是自己先忘记的，而且她对我那么好，给她 180 块钱吧。
C. 和这个老师解释自己之前并不知道有水电费这回事，希望她谅解，并如数将钱给她。
D. 表达歉意，并提前支付未来几个月的水电费。

第 138 题

> 马克来中国留学的第一天，发现一个非常奇怪的现象。中国的学生似乎都特别乐于助人。他刚刚下飞机，就有人过来帮他提行李，并且指导他坐车，他感到大家很热情。但是，当他踏进校园的时候，他感到有点儿生气。一些中国学生主动接过他手里的行李，甚至有的还要帮他拿小包以及资料袋。马克不能理解。

面对这种情况，你认为最合适的选择是（　　），最不合适的选择是（　　）。

A. 表示自己很生气，这是自己的隐私，你们谁都不可以碰。
B. 尽管自己很生气，但是他们应该是好意，就忍忍吧。
C. 去和老师反映情况，希望老师能告诉这些学生不要这样。
D. 去和中国学生解释，自己不能接受这种行为。希望他们理解，并且对他们的帮助表示感谢。

第 139 题

> 王老师今年刚开始在中国某大学的国际文化教育学院教授中文。班上的学生来中国的时间都不长，王老师平时很关心他们。有一次，王老师得知班上的一位美国学生生病了，在医院住院，便想趁周末去看望这个学生。但是，当他到医院见到这位学生时，这位学生非常生气，并且让王老师回去。两人不欢而散。

面对这种情况，你认为最合适的选择是（　　），最不合适的选择是（　　）。

A. 自己好心去看他，他还冲自己发脾气，太没有礼貌了。
B. 像什么事情都没有发生过一样，以后见面也当没有发生过这件事。
C. 反思一下自己是不是哪里做错了，了解一些文化背景差异，如果自己错了，及时向他道歉。
D. 对他的行为表示理解，但是还是很受打击，以后再也不关心他了。

第 140 题

> 李红被派到国外某中学教中文。当地的老师还有学生早上会做祷告，并且他们还邀请李红一起过去。李红本身没有信仰，但是之前的学姐告诉她，如果不去，他们会生气。

面对这种情况，你认为最合适的选择是（　　），最不合适的选择是（　　）。

A. 去，但是他们祷告他们的，自己继续做自己的事情。

B. 尊重他们的信仰，但是自己并不信仰宗教，尽管他们会很生气，自己还是不会去。
C. 和他们解释自己的情况，取得他们的理解。
D. 去，在他们祷告的时候保持安静就是了。

第141题

> 方怡被派到埃及某小学教中文。去的时候，学校的老师去接她。他们坐上车，方怡问需要多久可以到学校，他们说很快，结果足足坐了五个小时的车。后来，一个周末，同事约她出去玩儿，说好的特别近的路程，又足足坐了一上午车。今天，方怡特别忙，有许多材料需要提交。这时，一位同事提出让她帮忙去一个地方解决一点儿急事，并且说那个地方特别近。但是方怡知道，这一去可能一下午就没有了，就意味着自己的工作完不成了。

面对这种情况，你认为最合适的选择是（　　），最不合适的选择是（　　）。

A. 不去，完成自己的工作要紧。
B. 委婉地拒绝，告诉他自己有很多工作要做。
C. 反正他们时间观念不强，自己的工作推迟一些完成也无所谓，先陪同事处理急事要紧。
D. 和他一起去处理事情，熬夜加班把自己的事情弄完。

第142题

> 李可被派到泰国某中学教中文。工作的第一天，李可走进办公室，发现自己的办公桌上有一把黑色的雨伞。李可知道，在泰国，去参加别人的葬礼过后，会得到一把黑伞，这是不吉利的东西。他赶紧向其他同事询问这是谁的伞，大家都说不知道。李可感到很生气，还有些委屈。

面对这种情况，你认为最合适的选择是（　　），最不合适的选择是（　　）。

A. 装作什么都没有发生，默默地把伞放到其他桌子上。
B. 一定是有同事想表达对自己的不满，把这件事告诉校长，请校长来评判。
C. 也许是有人无意落下的，等同事们都来齐的时候询问一下是谁的。
D. 无所谓，反正自己也不相信这种东西。

第143题

> 小丁被派到菲律宾的一所小学教中文。一次，他在快下课时给学生们布置作业，说下周进行听写。等第二周上课时，他提出听写，全班同学都说他根本没有提过这回事。但是黑板上布置作业的字迹还没有擦掉。小丁感觉这边的学生都很不诚实。

面对这种情况，你认为最合适的选择是（ ），最不合适的选择是（ ）。

A. 不顾他们的反对，继续听写，这种说谎的行为不能纵容。
B. 先不听写，把这种行为汇报给校长，让校长对他们进行教育。
C. 和他们说，这种逃避行为是不对的，而且说谎也是不好的，下次再进行听写。
D. 他们这是对自己不负责的行为，既然态度如此，以后不听写了。

第144题

> 林丽被派到美国一所学校教中文。在一次教学工作安排会议上，校长提出了关于老师的分工问题。在大家都没有异议的情况下散会后，林丽找到了校长，并且表示对自己的工作安排不满意，觉得工作量太大，希望校长可以进行一些调整。校长很生气，认为林丽这样做是在破坏秩序，并且刚刚在会上她都没有提出来，现在提出来无疑加大了工作量，因此，拒绝了她的请求。

面对这种情况，你认为最合适的选择是（ ），最不合适的选择是（ ）。

A. 自己没有错，自己是为了不伤及彼此的面子才没有当众提出异议。
B. 私下找其他同事进行工作协调。
C. 尽力把工作做好，下次再遇到这种情况不要再犯类似的错误。
D. 向校长道歉，并解释自己这么做的原因，希望他谅解，同时也希望能够减少工作量。

第145题

> 张秀被派往国外的某所中学教中文。期中考试结束以后，校长提出要请她吃饭，张秀欣然应允。约好的时间是下午5点半。下课后，张秀发现才3点钟，觉得时间还早，就回住的地方先休息。一直等到6点钟，张秀饿得不行了，都不见校长提吃饭的事情。直到6点10分左右，一位老师才过来告诉她校长临时有事，下次再请她吃饭。

面对这种情况，你认为最合适的选择是（   ），最不合适的选择是（   ）。

A. 校长这样放鸽子是不对的，应该去找他理论。

B. 告诉自己，这儿的人时间观念没有那么强，尝试说服自己。

C. 告诉校长，下次如果有事的话应该提前通知。

D. 很生气，校长的行为就是故意不待见自己。

第146题

> 刘老师在美国的某所中学教中文。一次课堂上，刘老师和学生们讲中国的圣贤孔子。突然一个学生举手提问："老师，既然您说孔子是文人，那当初我去中国旅游，为什么看到的孔子像，孔子是配剑的呢？"刘老师从来没有考虑过这个问题，一时语塞，不知道该怎么回答。

面对这种情况，你认为最合适的选择是（   ），最不合适的选择是（   ）。

A. 随便编一个答案，反正外国学生不知道对不对。

B. 夸奖这个学生善于思考的精神，告诉他自己会在下节课进行解答，先让学生们自己思考一下，然后课后去查找答案。

C. 诚实告诉学生自己也不知道这个问题的答案，然后继续讲课。

D. 请学生们自己进行思考，鼓励学生课下查一些资料。

第147题

> 刘丽被派到埃及担任某所小学的中文教师。早上8点上课，但是直到8点10分，教室里都来不了几个学生。每天早上，刘丽都是7：50左右就到教室，一直要等半个小时左右才能进行自己的教学工作。

面对这种情况，你认为最合适的选择是（   ），最不合适的选择是（   ）。

A. 学生们都来得那么晚，自己来那么早也没有必要，下次自己也来晚一些。

B. 和校长反映情况，强烈要求学生能够早一点儿来学校。

C. 埃及的学生就是这样，没必要要求太高。能来就行，只要正常完成自己的教学任务就行。

D. 和学生沟通，要求他们尽量来早一些。同时严格要求自己，按时完成教学工作。

第148题

> 小李在学习期间结识了美国留学生大卫。大卫告诉小李，他比较喜欢爬山，于是，小李就约大卫一起去爬山，大卫很高兴地同意了。为了更加热闹，小李又约了其他几位朋友一起去。本来以为可以一起开开心心地去爬山，结果大卫见到那么多人后特别不高兴。

面对这种情况，你认为最合适的选择是（　　），最不合适的选择是（　　）。

A. 大卫没有理解自己安排的苦心，有点儿委屈。
B. 我们没有充分理解对方，应该互相道歉。
C. 自己的安排没有充分考虑到大卫的感受，应该向他道歉。
D. 当作什么事情都没有发生。

第149题

> 刘巧被派到国外的某所小学担任中文教师。第一节课，刘巧走上讲台，发现有三位本土老师在教室坐着旁听，刘巧特别紧张。这些老师不仅旁听，还会进行摄像，搞得刘巧整节课都惴惴不安。第二天，情况依然如此。现在，刘巧都特别害怕走进教室。

面对这种情况，你认为最合适的选择是（　　），最不合适的选择是（　　）。

A. 尝试说服自己，告诉自己他们没有恶意，只需完成自己的教学任务就好。
B. 在课堂上提出自己的不满，希望这些老师离开。
C. 和校长沟通，希望校长能够和老师协调，不要再来旁听。
D. 不去理会，继续战战兢兢地上课。

第150题

> 李瑞被派到泰国某中学担任中文教师。去之前,她给自己准备了很多漂亮的衣服。但是她到了之后才发现,泰国对老师穿着的要求很严格。老师必须要穿带领的衣服,不能暴露。学校甚至还给老师发了统一的服装,并且颜色方面也有要求,周一至周五服装还必须固定。这些做法让李瑞不能接受。

面对这种情况,你认为最合适的选择是(   ),最不合适的选择是(   )。

A. 我行我素,自己是中国人,本来文化背景就不同,不遵守这些他们应该也能够理解。

B. 入乡随俗,和其他老师穿一样的衣服。

C. 这是压抑天性的做法,强烈反对。

D. 找校长协商,希望可以穿自己带来的衣服。